I0128518

Heinrich Bellermann

Werke von Palestrina

Erster Band

Heinrich Bellermann

Werke von Palestrina
Erster Band

ISBN/EAN: 9783744691154

Hergestellt in Europa, USA, Kanada, Australien, Japan

Cover: Foto ©Thomas Meinert / pixelio.de

Weitere Bücher finden Sie auf **www.hansebooks.com**

WERKE

VON

PALESTRINA

HERAUSGEGEBEN

VON

HEINRICH BELLERMANN.

ERSTER BAND.

Vierstimmige Motetten.

Bergedorf bei Hamburg.

EXPEDITION DER DENKMÆLER.

(H. Weissenborn.)

1871.

MOTECTA FESTORUM

totius anni

cum communi Sanctorum

QUATERNIS VOCIBUS

a

JOANNE PETRO ALOYSIO PRÆNESTINO

Liber Primus

ROMÆ, 1563.

No. i. En festo natibitatis Domini.

Cantus.

Altus.

Tenor.

Bassus.

Di - es san - cti-fi-ca - tus il - lu-xit no -

Di - es san - cti-fi-ca - tus il -

- lu-xit no - - bis, di - es san-cti-fi -

- bis, di - -

Di - - es san - cti-fi - ca - tus

Di - - es san - cti-fi -

- ca - - tus il - lu - xit

- es san-cti-fi - ca - tus il - lu - xit no -

il - lu - xit no -

- ca - - tus il - lu - xit no - - -

D.1.

no - bis. Ve - ni - - te gen - - - tes,

- - bis. Ve - ni - - te gen - tes, gen -

- - bis. Ve - ni - - te gen-tes ve - ni - - te gen -

- bis. Ve - ni - - te gen - - - tes, ve - ni - te,

ve-ni - - te gen - tes et a - do - ra - te

- - - tes, ve - ni - te gen - - tes, et a - do -

tes, ve-ni - te gen - - tes, et a - do -

ve - ni - te gen - - - tes

Do - - - mi - num, et a - do - ra - te

- ra - te Do - - mi - num, et a - do - ra-te Do - - - -

- ra - te Do - - mi - num, et a - - do-ra - te Do-mi - num, Do -

et a - - do-ra - te, et a - - do-ra - te Do - -

Do - mi - - num, qui - a ho - - di - e de -

- - - mi num, qui - a ho - - di - e de - scen - dit

- mi - num, qui - a ho - - di - e de-scen -

- - mi - num, qui - a ho - - di - e

D.1.

_scen _ dit lux ma _ gna in ter _ ris, de _ scen _ dit,
lux ma_gna in ter _ _ _ _ _ _ _ ris de _ scen _
_ dit lux ma_gna in ter _ _ ris de_scen _ dit
de _ _ scen _ dit, de _
de_scen _ dit lux ma _ gna in ter _ ris. Haec
_ dit lux ma _ gna in ter _ ris. Haec
lux ma_gna in ter _ _ ris, lux ma _ gna in ter _ _ ris.
_ scen _ dit lux ma _ gna in ter _ _ _ _ ris. Haec
di _ _ es quam fe_cit Do _ _ _ _ _ _ _ _ mi _ nus,
di _ _ es quam fe_cit Do _ _ _ _ _ _ mi _ nus, haec di _
Haec di _ es, haec di _
di _ es,
haec di _ _ es quam fe_cit Do _ _
_ es quam fe_cit Domi _ nus, haec di _ _ es quam fe_cit
_ _ es quam fe_cit Do _ _ _ mi _ nus, quam fe _ cit
haec di _ _ _ es quam fe _ cit Do _ _

D.1.

Nº ij. In festo S. Stephani.

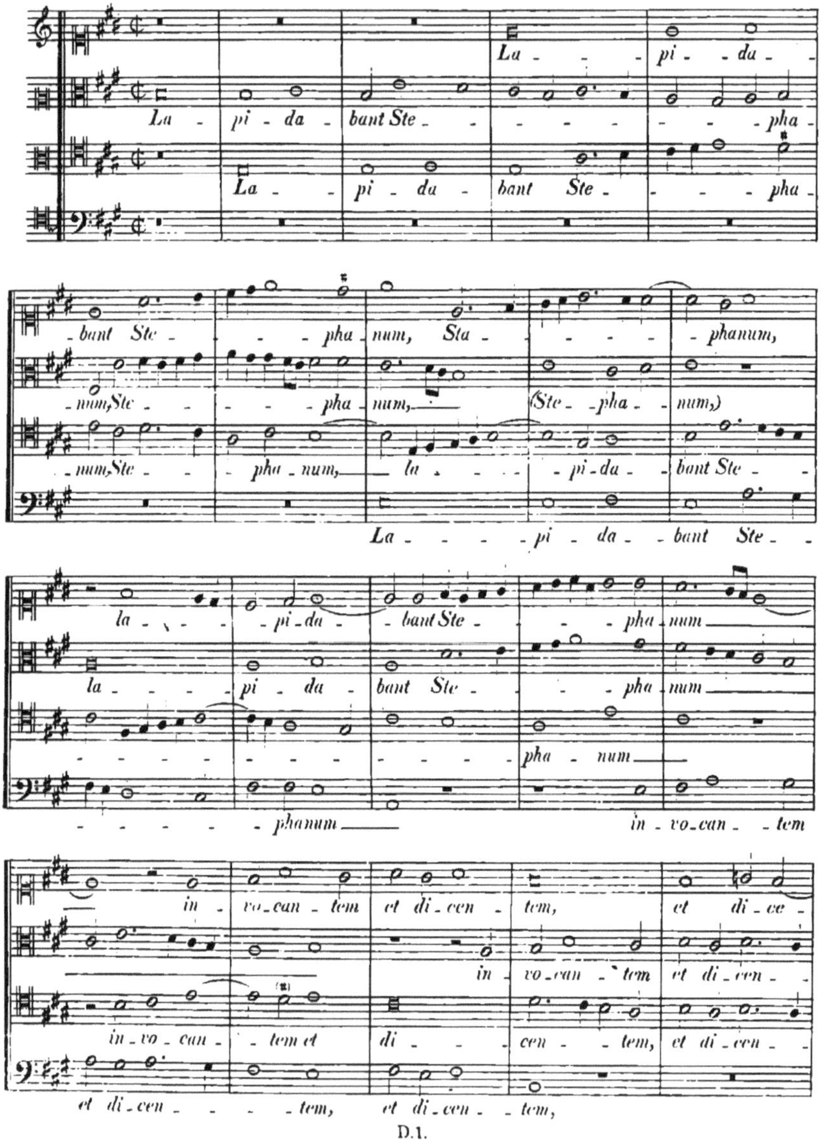

D.1.

_tum___ me _ _ _ _ _ um,___ spi _ ri _ tum me_
_um, spi _ ri_tum me _ _ _ _ _um, spi _ ri
spi _ ri tum me _ _ _um, spi _ ri _ tum me _ _ _
ac _ _ ci_pe spi _ ri _ tum___ me

_ _ _ _um et ne sta _ tu _ as il _lis hoc___ pecca _
_tum me _ um et ne sta _ tu_as il _ lis hoc pecca_ _ _
_ _ _ _ um et ne sta _ tu_as il_
_ _ um, spi _ _ _ ri_tum me _ um,

_tum, et ne sta _ tu_
_ _ _ _ _tum, et ne sta_
lis hoc pec _ ca _ _ _ _ _tum, hoc
et ne sta _ _tu _ as il_lis hoc___ pec ca _ _tum,

_as il_lis hoc___ pecca _ tum, et ne sta_ tu_as il _ _ _ lis
_ tu_as il _ lis hoc pec ca _ _ _ (tum,hoc _ pecca) _ _
_ pecca _ tum, et ne sta_ _tu_as il_
et ne sta_ _tu _ as il_lis hoc___ pecca _ _tum,

D.1.

D.1.

Nᵒ iij. In festo S. Joannis Evangelistæ.

Val _ _ _ de ho _ _ no _ ran _ dus est,

Val _ de ho _ _ no _ ran _ dus est, _____ val _

Val _ _ _ de ho _ _ no _ randus est, ho _ _ _ _

val _ _ _ de,

_ _ _ de ho _ _ _ no _ ran _ _ _ dus est, _____

Val _ _ _ de ho _

_ _ no _ ran _ dus est, _____

val _ _ _ de ho _ _ no _ ran _ dus est, _____

val _ _ de ho _ no _ ran _ _ dus est, _____

_____ no _ ran dus _ est, val _ _ _ de ho _ _ _ _ no _

D.1.

val _ _ de ho _ _ _ no _ ran_dus est, ho _ _ no _ ran_dus

_ ho _ no _ ran _ _ dus est, val _ de ho _ no _ ran_

ho _ _ no _ ran _ _ _ dus est, ho _ _ no _

_ randus est, val _ _ _ _ _ de ho _ _ no _

est _ _ _ _ _ be _ a _ tus Jo _ an _ _ _ _ _ _

_ _ _ dus est be _ a _ tus Jo _ an _ _ _ _ _

_ ran _ dus est _ _ _ _ be _ a _ tus Jo _ an _

_ ran _ dus est be _ a _ tus, be _ _

_ nes, be_a _ tus _ Jo_an _ nes, be _ a _ tus _ Jo _ _ _ an _

_ nes, be _ a _ tus Jo_an _ nes, be_a _ tus Jo_an _ _ _

_ _ _ _ _ _ _ nes, be_a _ tus Jo _ an_

_ a _ tus Jo _ an _ nes, _ be _ _ a _ tus Jo _ an_ _ _

D.1.

_nes, qui su-pra pec - tus Do - - - - mi - ni, Do - -

_nes, qui su-pra pec - tus Do - - - mi - ni

_nes, qui su-pra pec - tus Do - - - - mi - ni, Do -

_nes, qui su - pra

- - - mi - ni, qui su - pra pec-tus Do -

qui su - pra pec - tus Do - - - - mi -

- - mi - ni, qui su-pra pec-tus Do - - - mi-ni,

pec - tus Do - - - mi-ni,

- - - mi - ni in coe -

ni in coe - na re - cu - bu

Do - - - mi-ni in coe-na re-cu - - - bu-

Do - - mi-ni in coe - na re-cu - - - bu-

_na re-cu - - - - - - - - - bu-it, cu -

_it, in coe - na re-cu- bu-it, cu -

_it, in coe - na re-cu - - - - bu-it, cu -

_it, in coe-na - - - re-cu - - - - bu - it, cu -

D.1.

D.1.

Ma - gnum hae - re - di - ta - - tis _____ my - - ste - ri -

Ma - - - gnum hae - - re - di - ta - tis my -

Ma - - -

um, _____ my - ste - - - - ri - - um, ma -

ste - - - ri - um, ma - - gnum hae - re - di - ta - tis

Ma - - - gnum hae - re - di - ta - tis my - ste -

- gnum hae - re - di - ta - tis _____ my - ste - ri - um, _____ my - ste - ri - um, _____

- - gnum hae - re - di - ta - tis _____ my - - - -

my - ste - - - - ri - um, my - ste -

- - - - ri - um, my - ste - ri - um, my -

_____ ma - - - gnum hae - - re - di -

- ste - ri - um, _____ tem - - plum De - i fa - ctus est,

- ri - um, _____ tem - plum

- ste - ri - um, tem - plum De - i fa - ctus est, _____

- ta - tis my - ste - ri - um, my - ste - ri - um, ·

D.1.

D.1.

-tus ex e - - - - - - - a, non est pol-lu - tus ex e - -
ex e - - - - a, non est pol- lu - tus ex e - - a,
non est pol- lu - tus ex e - a, non est pol-lu -
est pol-lu - tus ex e - - - - - a,
- - - - - - - - - - a
ex e - a carnem as - su - mens
tus ex e - a car-nem as-
non est pol - lu - - tus ex e - - - - - a car-nem as-
car-nem as - su - - - - mens, car-nem as -
car - nem as-su - - - - - - - - - - - -
-su - - - - - - mens, car - nem as-su -
-su - - - - - mens, car - - nem as-su - mens,
-su - - - - - - - - - mens, carnem as - su - - -
- - - - mens, car-nem as - su - - - - -
- - - - mens, car - - nem as - su - - - mens. Om
car - nem as - su - - - - - - - - -

D.1.

Nᵒ b. In Epiphania Domini.

D. I.

ho - di - e stel - la Magos du - xit ad prae -
- la Magos du - - - - xit ad prae - se - pi - um,
- e stel - la Magos du - - - - xit ad prae - se - pi - um, ad
- la Ma - gos du - xit, ho - di -
- se - - pi - um, stel - la Magos du - xit ad prae -
stel - la Magos du - xit ad praese - pi - um,
prae - se - pi - um, stel - la Magos duxit ad prae -
- e stel - la Magos duxit ad prae - se - pi - um, ad prae - se - - -
- se - pi - um, ho - di - e vi - num ex a - qua factum est ad
ho - di - e vi - num ex a - qua factum est ad nu - - -
- se - - - - - pi - um, ho -
- - - - - - - pi - um, ho - di - e,
nu - ptias, nu - - - - ptias,
- - - - - - - pti - as, ho - di - e vi - num ex a -
- di - e vi - num ex a - qua factum est ad nu - - - ptias,
ho - di - e vinum ex a - qua

ho _ di _ e vi _ num ex a _ qua fa _ _ _

_ qua factum est ad nu _ _ _ _ pti _ as, ex a _ _ qua fa _

vi _ num ex a _ qua fa _ ctum est ad nu _ pti _ as, vi _ num ex a _

factum est ad nu _ _ _ _ pti _ as, vi _ num ex a _ _ qua

ctum est ad nu _ _ pti _ as, ho _ di _ e _ a _ Jo _ an _ _ _ ne,

_ ctum est _ ad nu _ _ pti _ as,

_ qua factum est ad nu pti _ as, ho _ di _ e a _ Jo _ an

factum est ad nu _ pti _ as, _ ho _ di _ e a Jo _ an _ _ ne Chri _

ho _ di _ e a _ Jo _ an _ _ ne Chri _

ho _ di _ e a Jo _ an _ _ ne Chri _ stus

_ ne Chri _ stus bapti _ za _ _ ri vo _ lu _ it,

_ stus bapti _ za _ ri vo _ _ lu _ it, _

_ stus bapti _ za _ ri vo lu _ it, vo _ _ _ lu _ it, ut _ salva _

bapti _ za _ ri vo lu _ it, bap _ ti _ za _ ri vo _ _ _ lu _ it, _

Chri _ stus bapti _ za _ ri vo lu _ it, bap _ ti _ za _ ri vo _ _ lu _ it,

Chri _ stus bapti _ za _ ri vo _ lu _ it, ut _

D. 1.

ret nos, ut salva - - ret, salva

ut sal ra - - ret nos,ut salva - ret nos.

ut sal ra - - - - ret nos.

salva - ret nos, ut salva -

- ret nos. Al le lu ja, al le lu -

Al - le lu - - - - ja, al -

Al - le lu - - - - ja, al - le - lu -

- ret nos. Al le lu -

- ja, al le lu -

le lu ja, al le lu - ja, al le lu -

- ja, al le lu -

ja, al le lu - ja,

- ja, al le lu ja.

- ja, al le - lu - ja, al le lu - ja.

- ja, al - le lu - ja.

al - le lu - ja, al le lu - ja.

D. 1.

№ bj. In festo Purificationis B. Mariæ.

Ho - di - e be - a - ta virgo Mari - -

Ho - di - e be - a - ta vir - go Mari - - - - -

Ho - di - e be - a - ta vir -

Ho - di - e be - a - ta vir go Mari -

- a, vir - go Mari -

- a,

go Mari - a, ho - di - e be - a - ta vir - go

- a,

- a, be - a - ta vir go Ma - ri -

ho - di - e be - a - ta vir - go Mari -

Ma - ri - a, be - a - ta vir go Mari -

ho - di - e be - a - ta vir go Mari - a,

- a, vir - go Mari -

- a, vir go Ma - ri - a, be -

D. 1.

D. 1.

-tu san - - - - - - - - - - cto, et
spi-ri-tu san - - - cto, san - - cto,
et Si - me-on re-ple-tus spi-ri-
et Si - me-on re-ple-tus
Si - me - on re-ple-tus spi - ri-tu san - - - - - - - -
re - ple-tus spi-ri - tu san - - - - - -
-tu san - - - - cto, spi-ri-tu san - cto
spi-ri-tu san - cto, re-ple-tus spi-ri-tu san -
- - - - cto ac - ce-pit e - um in ul-nas su-
- - - - cto ac-ce-pit e - um in ul-nas su - as, ac-
ac-ce-pit e - um in ul-nas su - as, in ul-nas su - - - as,
-cto ac-ce-pit e - um in ul-nas su - - as, in ul-nas
- - - - as, ac-ce-pit e - um in ul-nas su - -
-ce-pit e - um in ul-nas su - - - - - - as, in -
in ul-nas su - as, ac-ce-pit
su - - - - - - - as, ac - ce-pit e - - um,

_ _ as,___ ac _ ce _ pit e _ um in ul _ nas___ su _ as

ul _ nas su _ as,___ ac _ ce _ pit e _ um in ul _ nas su _ as et

e _ um in ul _ nas su _ _ _ _ as, in ul _ nas su _ _ _ as___

ac _ ce _ pit e _ um in ul _ nas su _ as, in ul _ nas su _ as et

et be _ ne _ dit _ xit e _ um, et be _ ne _ di _ xit e _ um

be _ ne _ di _ xit e _ um, et be _ ne di _ _ _ xit in _

et be _ ne _ di _ xit e _ um, et be _ ne _ di _ xit e _ um

be _ ne _ di _ xit e _ um, et be _ ne _ di _ xit e _ um

in ae _ ter _ num, et be _ ne _ di _ xit e _ um in ae _ ter _ _ _ num,

_ ae _ ter _ num, et be _ ne _ di _ xit e _ um in___ ae _ ter _ num,

in ae _ ter _ num, et be _ ne _ di _ xit e _ um in ae _ ter _

in ae _ ter _ num, et be _ ne _ di _ xit e _ um in ae _ ter _

et be _ ne _ di _ xit e _ um in ae _ ter num.___

in___ ae _ ter _ _ _ _ num,___ in ae _ ter _ num.

_ num, in ae _ ter _ _ _ num, in___ ae _ ter _ num.

_ num et be _ ne _ di _ xit e _ um in ae _ ter _ num, in ae _ ter _ num.

Nº vij. In Annuntiatione B. Mariæ.

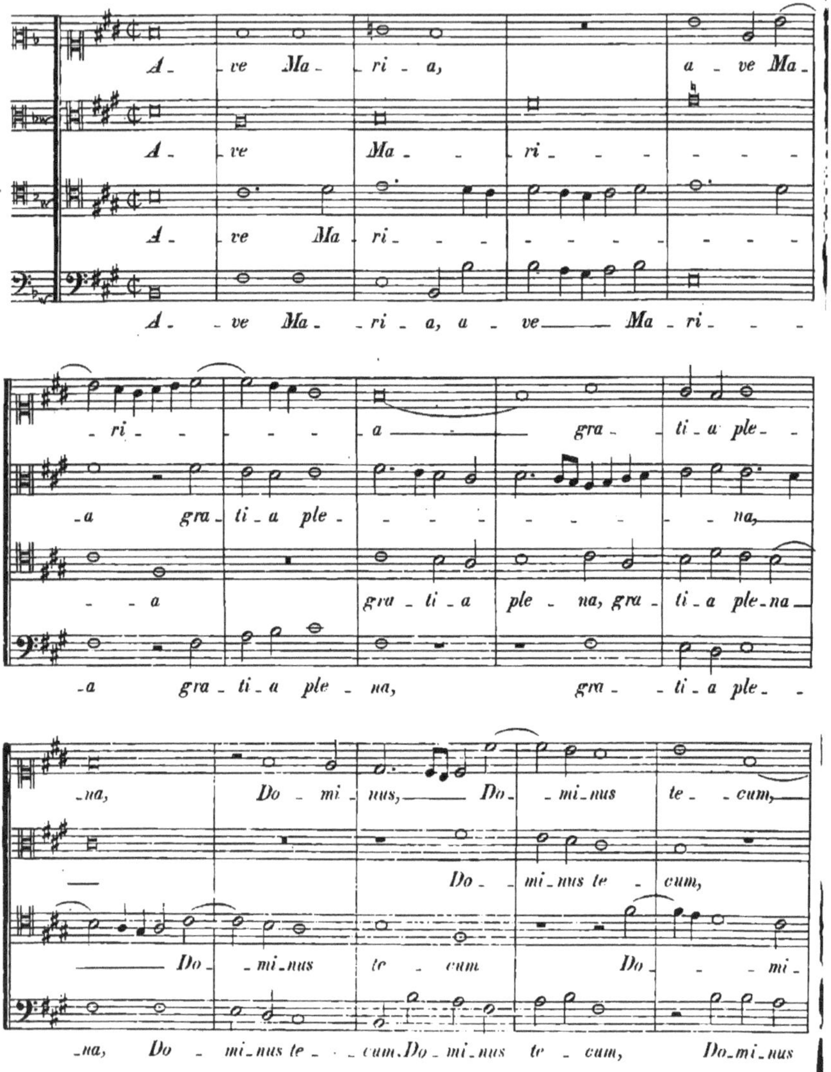

be _ ne _ di _ cta   tu   in

be _ ne _ di _ cta tu, be _ ne _ di _ cta tu

_nus   te _ cum,be _ ne _ di _ cta tu,   be _ ne di _ cta

te _ _ _ _ _ _ cum,   be _ ne _ di _ cta

mu _ li _ e _ ri _ bus _ _ , in mu _ li _ e _ _ _ ri _ bus,

in mu _ _ li _ e _ ri _ bus, in mu _ _ li _ e _ ri _ bus, et

tu   in mu _ _ li _ e _ ri _ bus

tu in mu _ li _ e _ ri _ bus,   et be _ ne _

et   be _ ne _ di _ _ ctus   fru _ ctus ven _ tris

be _ ne _ di _ ctus   fru _ _ ctus ven _ tris tu _

et   be _ ne _ di _ _ _ ctus   fru _ ctus

di _ _ ctus   fru _ ctus ven _ tris tu _ i Je _

D. 1.

tu - i Je - - - sus. San - cta Ma-ri -
-i Je - - - sus. Sancta Ma - ri - a,
ventris tu - i Je - - - sus. San - cta Ma-ri -
-sus, Je - - - - - sus. Sancta Ma - ri - a, Ma-ri -
-a, Re - gi - na coe - li dul-cis et
Re - gi - na coe - li, Re-gi-na coe - li
a, Re - gi - na coe - - - - - - - li dul-cis et
-a, Re - gi - - na coe - - - li
pi - a, dul - cis et pi - a, o ma-ter De - i, o ma-ter
dul - cis et pi - - a, o ma-ter De - - i
pi - a, dul-cis et pi-a, o ma-ter De - i, o
dul - cis et pi - a, o ma-ter
De - - - - - i, o - ra pro no - bis
o ma - ter De - - i, o - ra pro no - bis, o - ra pro no -
ma-ter De - i, o - ra pro no - bis, o - ra pro no -
De - - - i, o - ra pro no - bis, o - ra pro no -

pec - ca - to - ri - bus, pec - ca - to - ri - bus, ut cum e -
-bis pec-ca - to - - - ri - bus, ut cum e -
-bis pec - ca - to ri - bus, pec - ca - to - - ri - bus, ut cum e -
-bis pec - ca - to - ri - bus, ut cum e -
-le - ctis te vi - de - a - - - - - - -
-le - ctis te vi - de - - a - - - - mus
-le - ctis te vi - de - a - - mus, vi - de - a -
-le - ctis te vi - de - a - mus, te vi - de - a -
-mus, ut cum e - le - ctis te vi - de a - - -
ut cum e - le - ctis te vi - de - - a -
-mus, ut cum e - le - ctis te vi - de - a - -
-mus, ut cum e - le - ctis te vi - de - a - mus
- - - - - - mus.
- - - mus, te vi - de - a - mus.
- mus, vi - de - a - - mus, te vi - de - a - mus.
te vi - de - a - - mus, te vi - de - a - mus.

Nᵒ viij. In Resurrectione Domini.

lis, o cu li e o rum te ne ban
i bat cum il lis, o cu li e o rum te ne ban
cum il lis, cum il lis,
bat cum il lis, o cu
tur, o
tur,
o cu li e o rum te ne ban tur, o
li e o rum, o cu li e o rum te ne ban
cu li e o rum te ne ban tur, ne e um a gno
o cu li e o rum te ne ban tur, ne e um a
cu li e o rum te ne ban tur, ne e um a
tur, te ne ban tur, ne e um a gno
sce rent et incre pa vit e os di cens,
gnosce rent et incre pavit e os di
gnosce rent et incre pavit e os, et increpa vit
sce rent et incre pa vit e os di cens, di

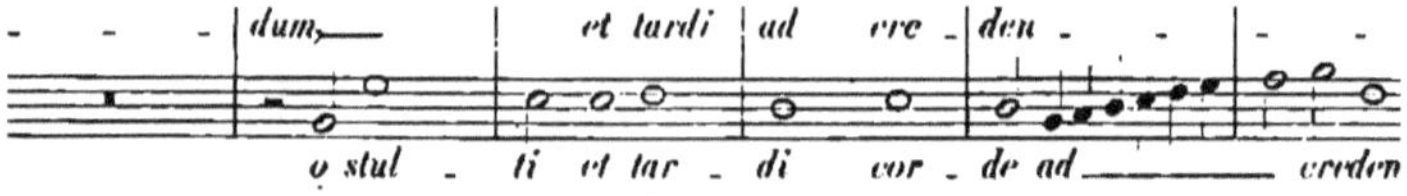
dum, et tardi ad cre - den
o stul - ti et tar - di cor - de ad credeu

D.1.

in his quæ lo _ cu _ ti sunt Pro _ phe _ _ tæ,

in his quæ lo_cu_ti sunt Prophe _ _ _ tæ,

_dum in his quæ lo_cu_ti sunt Prophe _

_dum in his quæ lo _ cu_ti sunt Pro_

in his quæ lo _ cu_ti sunt Pro phe _ _ tæ, lo_cu_ti

in his quæ lo_cu_ti sunt Prophe _ _ _ tæ, lo_cu_ti

tæ, in his quæ lo cu_ti

_phe _ _ _ tæ, in his quæ lo_cu_ti sunt, lo _ cu_ ti sunt Pro

sunt Pro _ _ phe _ tæ. Al_le lu _ja, al _ le _lu_ja, al _

sunt Pro _ _phe _ _ tæ. Al_le_lu _ja, al _ le_lu_ja, al_

sunt Pro _ phe _ _ tæ. Al _ le_lu _ja, al _ le_lu_ja

_phe _ _ _ _ tæ. Al _ le_lu_ja, al_

_le _ _ lu ja, al_le_lu _ _ja. al _ le_lu_ja.

_le_lu_ja, al _ _ le _ lu _ ja, al _ le _ _ lu _ _ja.

al_le_lu _ja, al _ le_lu_ja, al _ le _ lu _ _ja.

_le_lu_ja, al _ le_lu _ ja, al _ _ le_lu_ja, al_ _ le_ lu _ _ja.

D. l.

Nᵒ ix. In Afcenſione Domine.

qui tri – um – phator ho – di – e su – per omnes coelos a – scendi –

tri – umphator ho – di – e su – per omnes coelos ascen – di – sti, as –

qui tri – umphator

— qui tri – umphator ho – di – e,

— – – – sti,

– scendi – – sti, su – per omnes coelos – a – scendi –

ho – di – e, qui tri – umphator ho – di – e su – per omnes coelos a –

qui tri – um – phator ho – di – e su – per omnes coelos a – scendi –

su – per om – nes coe – los a – scendi – – sti, qui tri – um –

– – – sti, su – per omnes coelos a – scendi – – –

– – scendi – – – sti, qui tri – umphator

– – sti, su – per omnes coe – los,

– phator ho – di – e su – per omnes coe – los a – scen –

– – – – sti, su – per om – nes coe – los a – scen –

ho – di – e su – – per omnes coelos a – – scen di – – – sti,

qui tri – umphator ho – di – e su – – per omnes coelos

D. 1.

_di_ _sti,_ ne de_re _lin_ _ _quas_ nos or _ _ _

_di_ _ _ _sti,_ ne de_re_lin _ _ _quas nosor_ _ _ _ _ pha_

ne de_re_lin _ _ quas nosor_ _ _ pha_nos,

a_scendi _ _ sti,

_ phanos, ne de_re _lin _ quas nos,

_nos, ne de_re_lin_ _ quas nosor _ _ _ pha _ nos,

ne de_re _ lin _ quas nos or _ _ pha _ nos, ne de_re_

ne de_re _ lin _ quas nos or _ _ _ _ _ pha _ nos,

ne de_re _ lin _ quas nos or_pha_nos, sed mit _

_ ne de_re _ lin_quas nos or _ _ _ _ pha _ nos, sed mit _

_lin _ quas _ nos or _ _ _ pha_nos,

ne de_re _ lin _ quas nos _ or _ pha _ nos,

_te promissum pa_tris in nos, sed mit _

_te promissum pa_tris in nos, _ sed mit _ te promissum

sed mit _ te promissum pa _ tris in _ nos,

sed mit_ _ _te promissum pa _ tris in nos,

D.1.

_te promi_ssum pa_ _tris in nos, promi_ssum pa_ tris in
pa _ tris in nos, promi_ssum pa_tris in
sed mit _ te promi_ssum pa_ _tris in
sed mit_ _te pro_mi_ssum pa_ _tris in nos
nos spi _ ri_tum ve_ri_ta_ _tis.
nos spi_ _ri tum ve_ri ta_ _ _ _ _ _tis.
nos spi _ ri_tum ve_ri_ta_ _ _ _ _ _tis. Al _ le_
spi _ ri_tum ve_ri_ta_ _tis. Al _ le_lu_ja,
Al le_lu_ja, al _ le_lu_
Al _ le _ lu _ ja, al_le_lu _ja,
_lu _ _ _ja, al _ le _ lu_ _ _ja,
al _ le _ lu_ _ _ _ja,
_ _ _ _ _ja, al_ _le_lu_ _ _ _ja.
al _ le_ _ _lu _ja.
al_le_lu _ja.
al_le_lu _ja, al_le_ _ _lu _ja.

Nº x. In die Pentecostes.

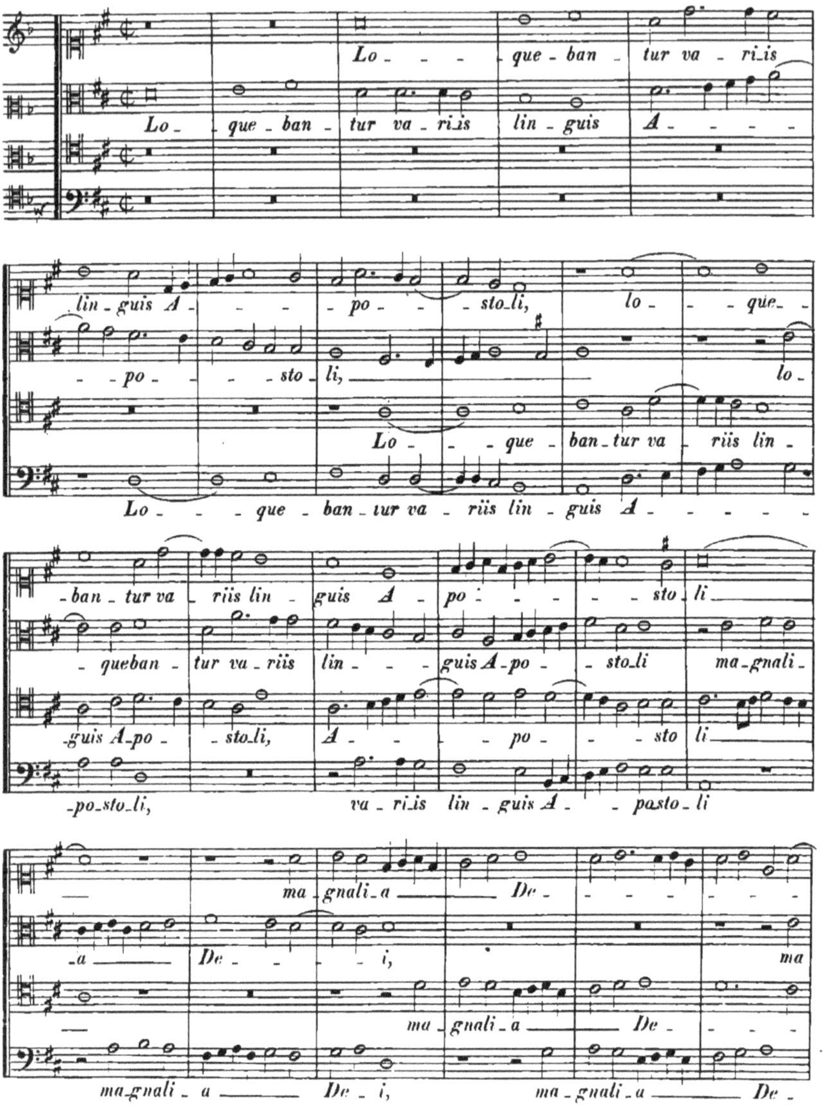

- - i, ma - gnali - a De - - - i,
-gnali - a De - - - - - - - i,
-i, ma - gnali - a De - i, pro - ut spi - ri - tus san -
- - i, pro - ut spi - ri - tus san -
pro - ut spi - ri - tus san - ctus da - bat e - lo - - -
pro - ut spi - ri - tus san - ctus da - bat e - lo - - qui
- - - - ctus, pro - ut spi - ri - tus san - ctus da -
-ctus, pro - ut spi - ri - tus san - ctus
- qui il - lis, da - bat e - lo - qui il - lis, da -
il - - lis, da - bat e - lo - - qui il - - -
-bat e - lo - qui, da - bat e - lo - qui il - - - lis, da - bat e -
da - bat e - lo - - qui il - - - lis, da - bat e - lo - - qui
-bat e - lo - - - - qui il - - lis.
- - lis, da - bat e - lo - qui il - lis. Al - le - lu -
- lo - - - qui il - - - - - lis. Al - le - lu - ja,
il - - - - - - - - lis. Al - le - lu - ja.

Al _ le_lu _ _ ja.
_ja, al_le_lu _ ja.
al _ le_lu _ ja.
Reple_ti sunt o_
Reple_ti sunt o_
Reple_ti sunt o _ _ _ _ mnes spi_ri_tu san _ _
Reple_ti sunt o _ _ _ _ mnes spi _ _ri_tu san _ _
_ _ _ mnes spi _ ri_tu san _ _ _ _ _ _ _
_ _ _ mnes spi _ ri_tu san _ _ _ _ _ _ cto
_ _ _ cto et ce_pe_runt lo _ _ _ _ _ _
_ _ _ _ _ cto et ce _ pe_runt lo _ _
_cto et ce_pe_runt lo _ _ _ _ qui, lo _ _ _
et ce _ perunt lo _ _ _ qui, et
_ _ _ _ _ _ _ qui, pro _ ut spi _ ri_tus san _
_ _ _ _ _ _ _ qui, pro _ ut spi _ ri_tus san _
_ _ _ _ _ _ _ qui, pro _ ut spi _ ri_tus san _ ctus,
ce_pe_runt lo _ _ _ qui, pro _ ut spi _ ri _ tus,

_ctús — da _ bat e _ lo _ _ _ qui il _ _ _ lis,

_ctus — da _ bat e _ lo _ _ _ qui il _ _ _ lis, _

pro _ ut | spi _ ri _ tus | san _ ctus — da _ bat e _ lo _ qui, da _ bat e _ lo _ _

pro _ ut spi _ ri _ tus san _ ctus — du _ bat e _ lo _ _

da _ bat e _ lo _ qui il _ lis, da _ bat e _ lo _ _ _ qui il _ _ lis. _

da _ bat e _ lo _ _ _ qui il _ _ _ lis, da _ bat e _ lo _ qui il _ lis.

_ _ qui il _ _ lis, da _ bat e _ lo _ _ _ qui il _ _ _ lis. Al

_ qui il _ _ _ lis, da _ bat e _ lo _ _ qui il _ _ _ _ _ _ lis.

Al _ le _ lu _ ja, _ al _ le _ lu _

A _ le _ lu _ ja, _

_ le _ lu _ ja, _ al _ le _ lu _ ja, _

Al _ le _ lu _ ja, _ al _ le _ lu _

_ ja, _ al _ le _ lu _ ja. _

_ al _ le _ lu _ ja, al _ le _ lu _ ja. _

al _ le _ lu _ ja, al _ le _ _ _ lu _ ja, al _ le _ lu _ ja, _ al _ le _ lu _ ja. _

_ ja, _ al _ le _ lu _ ja, _ al _ le _ lu _ ja.

D. 1.

D. 1.

at _ que in_di_vi _ sa u_ni_tas,

_tas at _ que in_di_vi _ sa u _ ni_

at _ que in_di_ri _ sa u_ni_tas, at _ _que in_di_

at _ que in_di_vi _ sa u_ni_tas,

__ at _ que in _ di vi_ _ sa u _ ni_tas, at _ que in_di_

tas, at _ que in_di vi_ _ sa

_vi _ sa u _ ni_tas, at _ que in_di _ vi _ sa

at _ que in_di _ vi _ sa,

_vi _ sa, in_di_vi_ _ sa u_ _ ni_tas.

u _ _ ni _ tas.

u _ ni _ tas, in _ di_vi_sa u _ _ ni_tas. Con_

at _ que in_di_vi _ sa u_ni_tas. Con _ fi_

(2)

Con _ fi_te_bi_mur _ e _

Con _ fi _ te_bi_mur e_ _

_fi_te_bi _mur e _ _ i, con _ fi_te_bi_mur

_te_bi_mur _ e _ _ i, e_ _ _ i,

D. I.

-i, con - fi - te - bi - mur e -
-i, con - fi te-bi-mur e - - - - - - - - - -
e - i, con - fi - te - bi - mur e -
con - fi-te - bi - mur e - - - i,
- - - i, qui - a fe - cit no-
- - i, qui - a fe - cit no-bis - cum,
- - - - - - - - i,
qui - a fe - cit no - bis - cum, qui-a fe - cit
-bis - cum, no - - - - - - bis - cum, qui - a fe -
no bis - cum, qui - a fe - cit no-
qui - a fe - cit no - bis - cum, no - - bis-cum,
no-bis - cum, qui - a fe - cit nobis - cum,
-cit no-bis - cum mi - se-ri-cor-di - am su -
-bis-cum mi - se-ri-cor-di-
qui - a fe - cit nobis - - - cum
qui - a fe - cit no-bis - cum

am, qui - a fe - cit no -
am su - am, qui - a
mi - se - ri - cor - di - am su - am,
mi - se - ri - cor - di - am su - am,
bis - cum mi - se - ri - cor - diam su -
fe - cit no - bis - cum mi - se - ri -
qui - a fe - cit no - bis - cum
qui - a fe - cit no - bis - cum
am, mi - se - ri -
cor - diam su - am, mi - se - ri - cor -
mi - se - ri - cor - di - am su -
mi - se - ri - cor - di - am su -
cor - di - am su - am.
di - am su - am, su - am.
am, mi - se - ri - cor - di - am su - am.
am, mi - se - ri - cor - di - am su - am.

Nº xij. In festo S. Trinitatis.

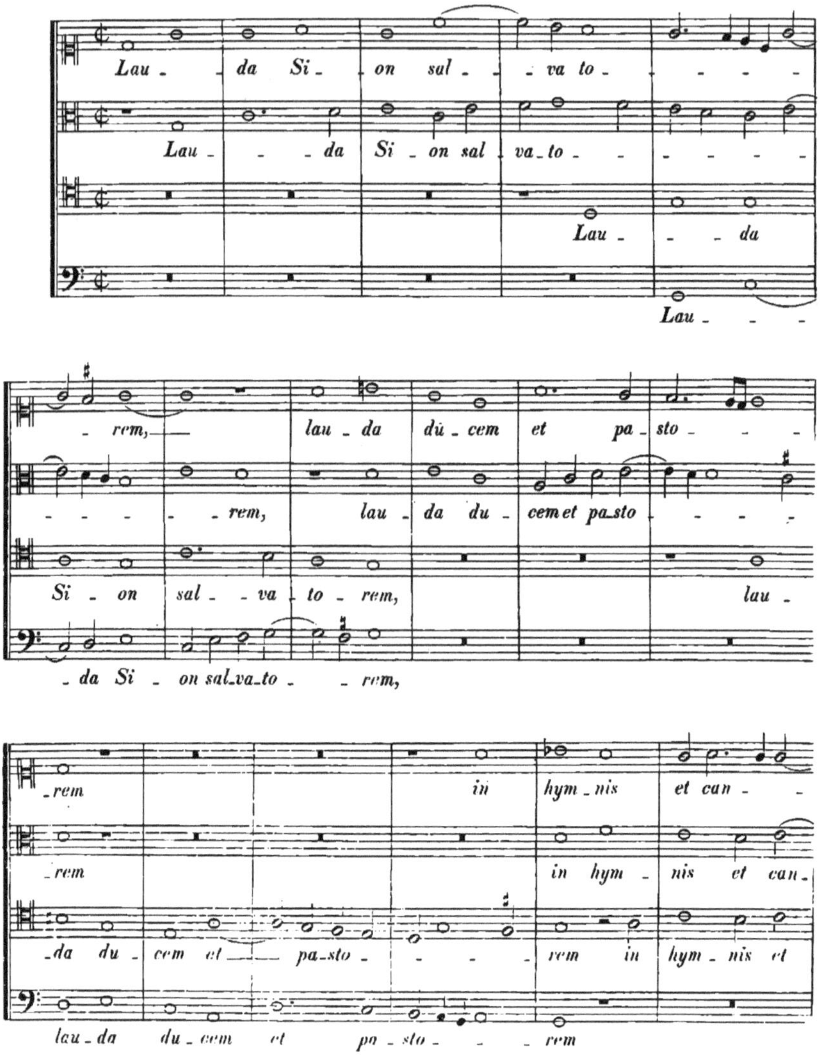

(a)
- ti - cis, in hym-nis et can - - - ti - cis
- - - ti - cis, in hym - nis et can-ti - cis
can-ti - cis, in hym - nis
in hym - nis, in hym - nis et can - -
in hym - nis et can - - ti - cis.
et can ti - cis, et can-ti - cis.
in hym - nis et can - - - ti - cis, et can - - ti - cis.
- ti - cis, et can-ti - cis, in hym - nis et can - - -
Quan - - tum po - tes tan - - tum au - - - - - de,
Quan - - - tum po - tes tan tum au - - - - - -
Quan - - tum po - tes
- - - - - ti - cis. Quan - - - tum po -

D.1.

No xiij. In Nativitate S. Joannis Baptistæ.

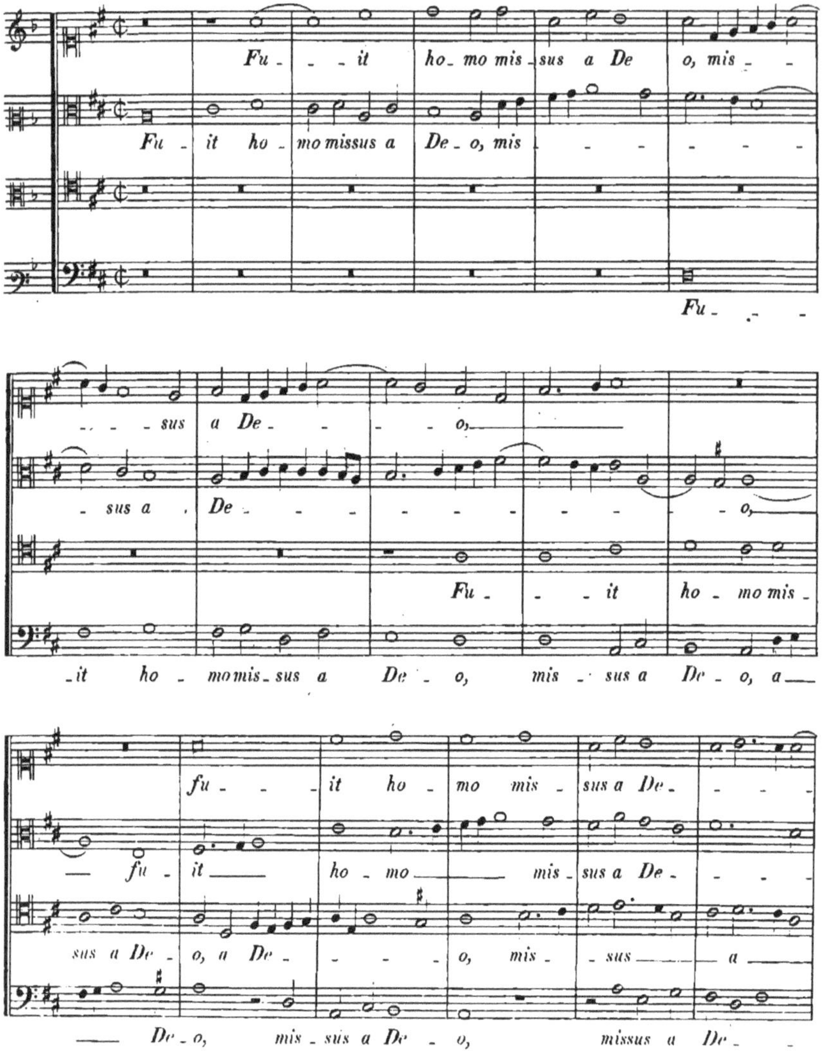

- - o, cu_i no_men e - rat Jo_an - - nes,
- - - - - - o, cu - - i no -
De - o, cu - i no - men e - rat Jo_an - - - -
- o, cu - i no - men e - rat Jo_an - - nes, e - rat Jo -
cu - - i no - men e - rat Jo_an - - - nes,
- men e - - rat Jo - an - - - - - - - nes, cu_
- - - - - - - - - - nes, cu - i no_men e -
- an - nes, cu - - i no_men
cu - i no - men e - rat Jo - an - nes, e -
- i no_men e - rat Jo - an - nes, e_rat Jo - an - - - - -
- rat Jo - an - - - - nes, e - rat Jo - an - - -
e - rat Jo - an - - - nes, e -

D. 1.

D. 1.

No xiiij. In S. Petri Apostoli.

Tu es pa - stor o - - - - - vi - um, - o - - - - -

Tu es pa - stor o - - - - - - vi -

_ um, princeps A _ po_sto_lo _ - - - - - - - - - -

_ um, prin_ceps A _ po_sto _ lo _ - - - - - - - - - - rum,

Tu es pa _

_ rum,

tu es pa _ stor o - - - - vi_

stor o _ - - - vi um, - o _ - - vi _ um, princeps A _

Tu es pa _ stor o _ - - - vi _ um, prin_ceps A _ po_sto_

D. 1.

tu es pa_ stor o_
um, prin ceps A_po_ sto_ lo_
_po_sto_lo_ rum, prin_ceps A_po_sto_
_lo rum,
_um, prin_ceps A_po_sto_ lo_
_rum, prin_ceps A_po_sto_ lo_ rum, A_po_sto_
_lo_ rum, princeps A_ po_sto_lo_
princeps A_po_sto_lo_
rum, ti_bi tra_ di_dit De_
_lo_rum, ti_bi tra_di_dit De_
rum, ti_bi tra_ di_dit De_
rum,

us, ti — bi tra — di.dit De —

us, ti — bi tra.di.dit De —

us, ti — bi tra — di . dit De —

ti — bi tra — di dit De — us, ti — bi

us om ni a regna mun —

— us omni a re.gna mun —

— us om ni a re.gna mun —

tra di dit De — us om — ni — a re — gna,

di, om ni a regna mun — di et i — de — o,

di, om ni a re.gna mundi, et i — de.o,

di, om ni a re — gna,

om — ni a re.gna mun — di, et i — de — o,

et i de.o, et i.de.o ti — bi

et i de o, et i de o ti

et i de o, et i de o ti

et i de o, et i de o, et i de.o,

et i de.o, et i de.o,

D. I.

tra_di_tæ sunt cla _ ves _____ re_gni cœ _ lo _ _ _ _ _ _ _

_ bi tra _ di _ tæ sunt cla _ ves re _ gni cœ_lo _ _ _ _ rum,

ti _ bi tra _ di_tæ sunt cla _ ves re _ gni cœ_lo _ _

ti _ bi tra_di_tæ sunt cla _ _ves re _

_ _ rum, ti _ _ bi tra _ di _ tæ sunt cla _ _ ves re_gni cœ_

ti _ bi tra_di_tæ sunt cla _ ves re _ gni cœ_lo _ _ rum, re _ gni cœ_lo_rum

_ _ _ _ _ _ rum, ti _ _ bi tra _ di _ tæ sunt cla _ _

_gni cœ_lo _ _ _ _ _ _ _ _ _ _ _ rum, re _

_ lo _ _ _ _ _ _ _ rum, re_gni cœ _ lo _ _

regni cœ _ lo _ _ _ _ _ rum, ti _ bi tra _ di_tæ sunt cla _ _

_ ves re_gni cœ_lo _ _ _ _ rum, re _ gni cœ_lo _

_gni cœlo _ _ rum, ti _ bi tra _di_tæ sunt cla _ ves

_ _ _ _ _ _ rum. ___

_ _ ves re _ gni cœ_lo _ rum, re _ _gni cœ _ lo _ rum.

_ _ _ _ _ rum, re_gni cœ _ _ lo _ _ _ rum.

re _gni cœ _ lo _ rum, re _ gni cœ _ _ _ _ lo _ rum.

D. 1.

Nº xv. In S. Pauli Apostoli.

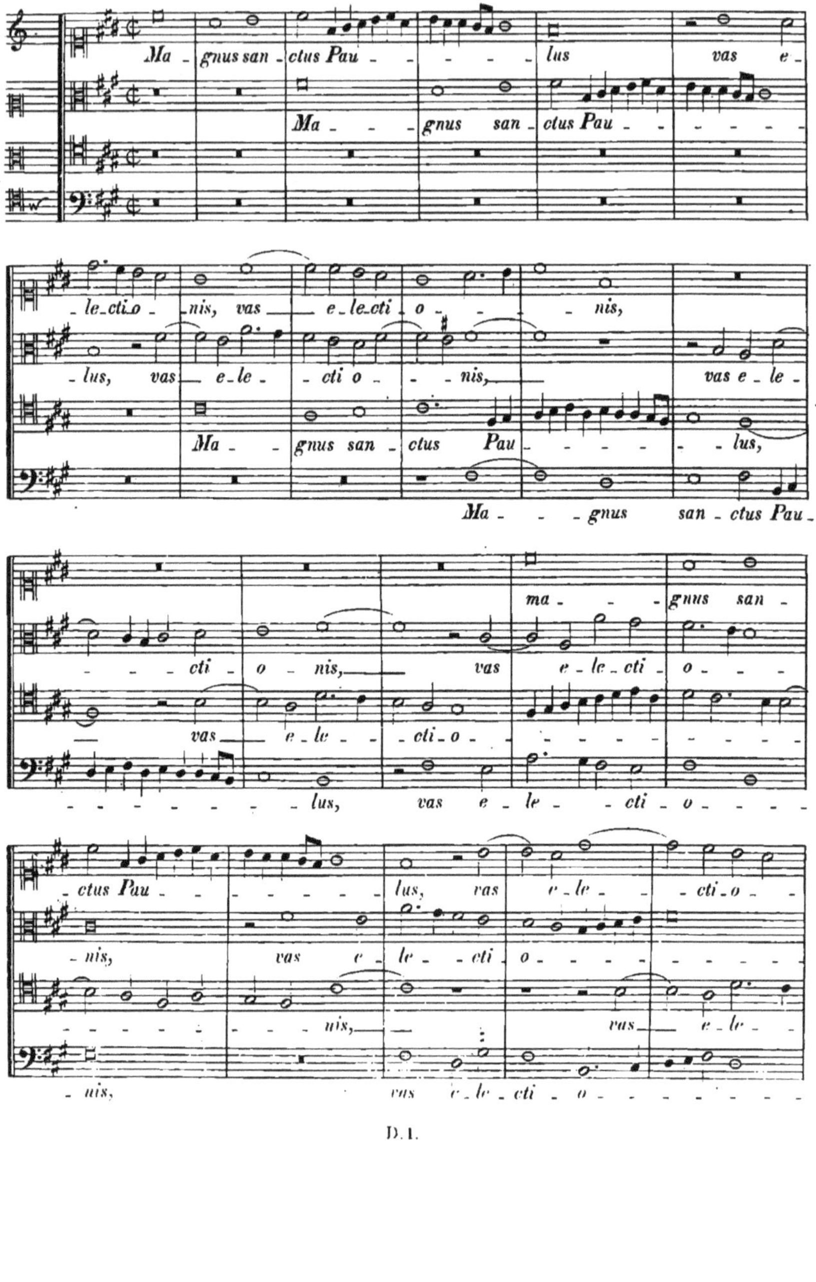

D. I.

D.1.

qui et me - ru - it thro - num du - o -
et me - - - ru - it pos - si - de - - - - re, thro
- si - de - - - re, qui et me - ru - it thro -
me - ru - it, qui et me - ru - it
- de - ci - mum pos - si - de - re, pos - - -
- mum du - o - de - ci - mum pos - si - de - - - - re, pos -
- mum du - o de - ci - mum, thro - num du - o -
thro - num du - o - de - ci - mum,
- si - de - - - - - re, pos - si - de - -
- si - de - - - - - re, pos - si - de - - -
- de - ci - mum pos - si - de - - - - - - - - -
thro - num du - o - de - ci - mum pos -
- - - - re.
- - - - - re, pos - si - de - - - - - - re.
- - - re, thro - num du - o de - ci - mum pos - si - de - re.
- si - de - re, pos - si - de - - - - - re.

Nº xvj. In Visitatione B. Mariæ.

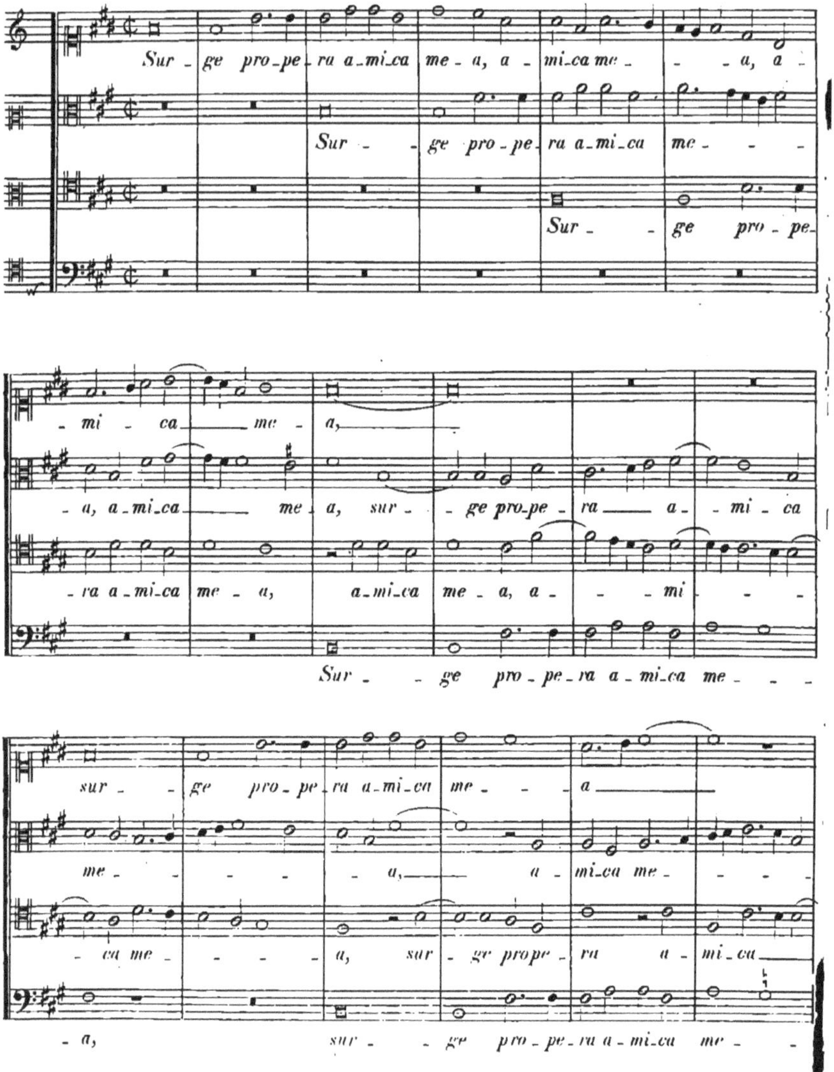

et ve - - - ni, et ve - ni, et ve - - - -
-a et ve - - - - - - ni, et ve - ni, et ve - - -
— mea et ve - - - - - - ni, et ve - ni,
- - a — et ve - - - ni, et
- - - ni, jam e-nim hi -
- - ni, jam e-nim hi - ems transi - it, jam e-nim hi - - ems
et ve - ni, jam e-nim hi - - ems transi - it, —
ve - - - ni, jam e-nim hi - - ems transi-it, —
- ems transi - it, trans - - - i - it, — jam
transi-it, — jam e-nim hi - - ems transi - it, trans -
jam e-nim hi - ems, jam e-nim hi - - ems trans - i -
jam e-nim hi - ems transi - it, trans - - - - - - - -
e-nim hi - - - ems trans - - - i - - - it, — im -
- i - it, trans - - - - i - it, transi - it, —
- it, trans - - - i - it, — trans - i - it, —
- i - it, im - ber ab - - i - it et — re ces -

_ ber ab _ _ i _ it et___ re_ces _ _ _ _ sit, im _ ber ab _

im _ ber ab _ i _ _ it et re _ ces _ _ _ _ _ _ sit,

im _ ber ab _ _ i _ it et re_

_ _ _ _ _ _ sit, im _ ber ab_

_ i _ it et___ re_ces _ sit, et re _ ces _ ' _ _ _ _ _ _ _

im _ ber ab _ _ i _ it et___ re_ces _ _ _ _

_ ces _ _ sit, et re _ ces _ _ _ _ _ _ sit,

_ _ i _ it et re _ ces _ sit, flo _ res ap_pe_ru_

_ _ _ _ sit, flores ap _ pe_ru_e _ runt in ter _ _ _ ra

_ sit, flo _ res . appe_ru _ e _ runt in___ ter _ _ _ _

flo_res ap _ pe_ru_e _ runt in ter_ra no _ stra, in ter _ _ ra no _

_ e _ _ _ runt in ter_ra no _ stra, flo _ res ap_pe_ru_

no _ _ _ stra, flo _ res ap_pe_ru _ e _ runt in

_ _ _ _ _ ra, flores ap _ pe_ru_ _ _ runt in terra no _

_ stra, flo _ res ap_pe_ru _ e _ runt in ter _ ra no _ _ _ stra,

_ e _ runt in terra no _ stra, in terra no _ _ _ _ _ stra,

D.1.

ter - ra no - stra,

_stra,_____ in ter_ra no - stra, tempus pu_ta_ti_o - nis _____

in ter - ra no - stra, tempus pu ta_ti_o - nis ad -

in ter - ra no - stra, tem - pus pu_

tem - pus pu - ta_ti_o - nis ad - ve

_ad_ve - nit,_____ tem - pus pu_ta_ti - o - nis

_ve - nit,_____ ad - ve - nit, ad - ve -

_ta_ti_o - nis ad - ve - nit,_____ ad - ve -

_nit, tempus pu ta_ti_o - nis_____ ad ve - nit, ad

ad_ve - nit,_____ tem - pus pu

- nit, tem_pus pu_ta_ti o_nis_____ ad - ve -

- nit, tem - pus pu - ta_ti_o - nis

_ve - _nit___ ad - ve - nit.

_ta_ti_o - nis ad - ve - nit, ad - ve - nit.

- nit, tempus pu - ta_ti_o nis ad_ve - nit.

a - ve - nit, ad - ve - nit.

D. 1.

No xvij. In S. Mariæ Magdalenæ.

In di - e - bus il - - - lis, in - - di -

In di - e - bus il - - - -

In - di -

-e - - bus - il - - lis mu - li - er, quæ e -

- - - - lis - mu - li - er, quæ e - rat in ci - vi - ta -

-e - bus il - - - lis -

In di - e - bus il - - - lis mu -

-rat in ci - vi - ta - - te - pec - ca - - - trix, in ci - vi

- te pec - - ca - trix, - in ci - vi - ta - te -

mu - li - er, quæ e - rat in ci - vi - ta - te pec

- li - er, quæ e - rat in ci - vi - ta - te pec - - - ca - - -

- ta - te - pec - ca - - - - - trix, ut co - gno -

- pec - - ca - - - trix, ut - co - gno -

- ca - trix, in ci - vi - ta - te pec - ca - - trix, ut co - gno - vit,

- trix, in ci - vi - ta - te pec - ca - - trix, ut co -

D. 1.

D. 1.

68

D. l.

D.1.

Nº xviij. In S. Laurentii.

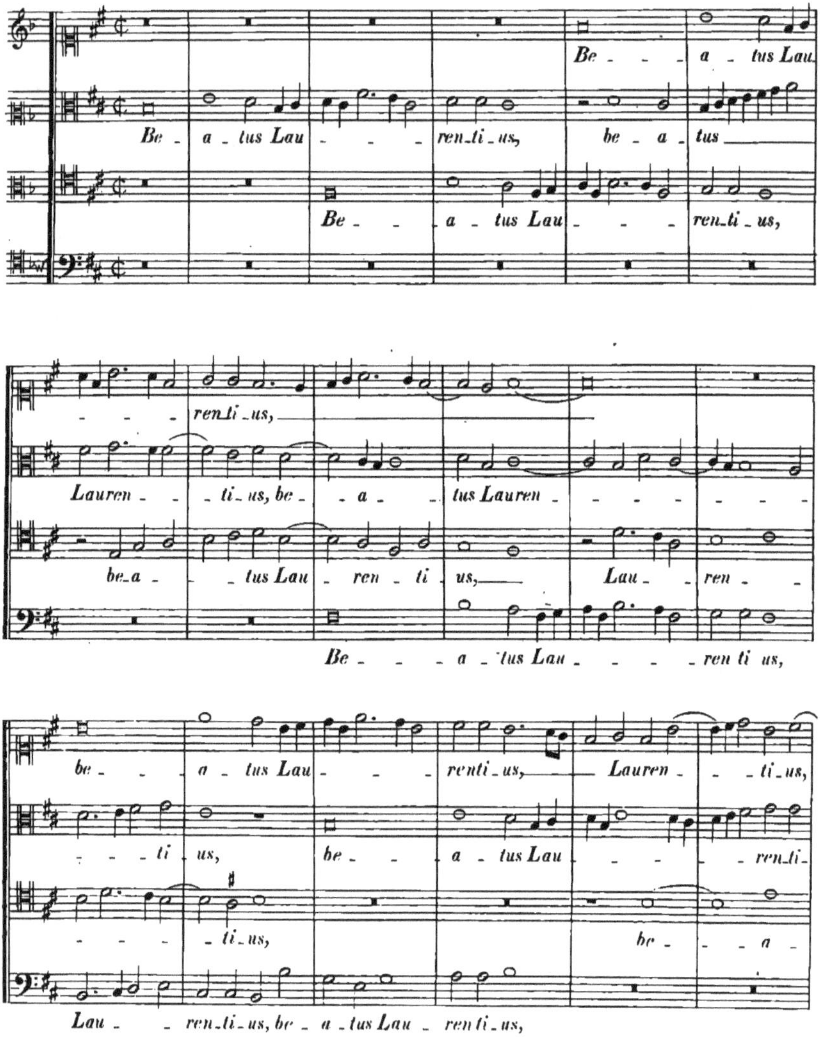

Lau_ren - - - - - - - - - ti_us
_us, be_a - tus Laurenti - us
_tus Lau - - ren_ti - us, Lau_ren_ti_us o - ra - bat
be - - - a - tus Lau - - - ren_ti - us o - ra - bat
o - ra - bat di - - - - cens, o - ra -
o - ra - bat di - - - - cens, o - ra - bat di - - -
di - - - - - cens, o - ra - bat di - - - -
di - - - - cens, o_ra_bat di - - - - cens,
_bat di - cens, o - ra - bat di - - - - cens:
- cens, o_ra - bat di - cens: Do - mi_ne
- - - - cens, o - ra - bat di - - - - cens: Do -
o - ra - bat di - - - cens, o - ra_bat di - cens: Do - -

Do - mi - ne Je - - -
Je - su, Do - - mi - ne Je - - - - -
- min - ne Je - - - - su Chri - - ste,
- mi - ne Je - - - - - - su Chri - ste,
- su Chri - - - ste, Do - - mi - - - ne Je -
- su Chri - - - ste, Do - - mi - ne Je - - - su Chri - -
Do - - mi - ne Je - - su Chri - ste, Je -
Do - - mi - ne Je - - - - - su Chri -
- - - - su Chri - - - - ste, Deus de De - -
- ste, Je - su Chri - - - - ste, Deus de De - o, De - us de De -
- su Chri - - - - ste, De - us de De - - - o,
- - - - - - - - ste, Deus de De - - o,
- - - - o, De - us de De - - o,
- - - - o, De - us de De - - - - o, De - us
De - us de De - - - o, De -
De - us de De - - - o, De - us de De - o,

mi - se - re - re mi - hi ser - vo tu - - - - - - - -
de De - o, mi - se - re - re mi - hi ser - vo tu - - - -
- us de De - - - - o, mi - - se - re - re
Deus de De - - - - o,
- o, tu - - o, mi - - se - re - re
- o, mi - se - re - re mi - hi ser - vo tu - - - - -
mi - hi ser - vo tu - o, ser - vo tu - - - o,
mi - se - re - re mi - hi ser - vo tu - - - - - o, ser - vo tu -
mi - hi ser - - - - vo, ser - - vo tu - o, ser - - - vo
- o, mi - se - re - re mi - hi ser - vo tu - -
mi - se - re - re mi - hi ser - vo tu - - - - - - - - o,
- o, ser - vo tu - - - o, mi -
tu - - o, mi - se - re - re mi - hi ser - vo tu - - o.
- - - o, ser - vo tu - - - o.
ser - - vo, ser - - vo tu - o, tu - - o.
- se - re - re mi - hi ser - vo tu - o, ser - vo tu - - - - o.

Nº xix. In Assumptione B. Mariæ.

Quæ est i - sta, quæ pro-ces - - - - sit sic - ut sol,

Quæ est i - sta, quæ pro - ces -

Quæ

Quæ

quæ est i - sta, quæ

- sit sic - ut sol, quæ est i - sta,

est i - sta, quæ proces - - - - - sit sic - ut

est i - sta, quæ proces - - - - sit sic - ut sol

pro - ces - - - - - sit sic - ut sol, sic -

quæ proces - - - - sit, quæ proces - - - -

sol, quæ est i - sta, quæ proces

quæ est i - sta, quæ pro-ces - - - sit

- ut - - - - - - sol et for-

- sit sic - ut - - - sol et for - mo - sa tanquam Hie - ru - sa -

- - - sit sic - ut sol, sic - ut - - - sol

sic - - - ut - - - sol et - - - for mo - sa tan -

D. 1.

-mo - sa tanquam Hie-ru - sa - lem, tan-
- - - lem, tanquam Hie-ru - -
et for-mo - sa tan-quam Hieru - - - sa - lem,
-quam Hieru - - - - - - - - sa-lem, et for-
quam Hieru - - - - - sa - lem? Vi-de-runt e - am
- sa-lem, tanquam Hie - ru - - sa lem? Vi - derunt e- -
tan - quam Hieru - - - - sa - lem?
-mo - sa tan-quam Hieru - - - sa - lem?
fi - li-æ Sy - - - - - on, fi - li-æ
-am fi - li - æ Sy - - on vi-derunt e - am fi - li-æ
Vi-derunt e - am fi - li - æ Sy - - on, vi - derunt e - am fi - li
Vi - derunt e - - am, vi-de-runt
Sy-on, vi-derunt e - - am, vi - derunt e - - am
Sy - - on, fi - li - æ Sy - on vi - derunt e - am,
-æ Sy - - on, vi-derunt e - - - - - am
e - am fi - li - æ Sy - on, vi - derunt e - am fi -

fi _ li _ æ Sy _ _ on et _ be _ a _ tam di _ xe _
fi _ li_æ Sy _ _ on, fi _ li_æ Sy _ _ _ on et be _ a _ tam di _
fi _ li_æ Sy _ _ _ _ _ on, fi _ li_æ Sy _ on
_ li _ æ Sy _ _ on, fi _ li _ æ Sy _ _ _ on

_ _ _ _ _ runt, et be _
_ xe _ _ _ _ _ runt, di _ xe _ _ _ runt,
et _ be _ a _ tam di _ xe _ _ _ _
et be _ a _ tam di _ xe _ _ _

_ a _ tam di _ xe _ _ _ _ runt, be _ a _ tam di _ _ xe _
et be _ a _ tam di _ xe _ _ _ _ runt, be _ a _
_ runt, di _ xe _ _ _ runt, et be
_ _ _ runt, et be _ a _ tam di _ xe _

_ _ _ runt et re _ gi _ næ lau _ da _ ve _ runt e _ _
_ tam di _ xe _ _ _ runt et re _ gi _ næ lau _ da _ ve _ runt e _
_ a _ tam di _ xe _ _ _ runt et re _ gi _ næ
_ runt, di _ xe _ _ _ _ runt, et re _ gi _ _ næ

D. 1.

- - - - am, et re - gi - næ lau-
- - am, lau - da - - ve - runt e-am et re - gi - -
lau-da-ve - runt e - - - - - - am, et re-gi - -
lau - da-ve - runt e - - - am, e - - - -
-da-ve - runt e - - - am, lau - da-ve-runt e - - - - -
-næ lau-da-ve - - runt e - - am, lau - da - ve - runt e - - - -
- - - - - næ et re - gi - næ lau da-ve - runt e - - -
-am, et re - gi - næ lau -
-am, lau-da-ve - runt e - - - - am, lau-da-ve-
- - - - am, lau - da-ve - runt e - - - am, e - - am, lau-
- - - - - - am, lau-da-ve - runt e - - am, lau da -
-da-ve - runt e - - - - - - am, lau - da - ve - runt
-runt e - - - - - - am.
-da - ve - runt e - - - am, lau - da-ve - runt e - - am.
-ve - runt e - - - - am, lau - da ve - runt e - - am.
e - - - - - - am, e - - - - - - am.

No. xx. In Decollatione Jo. Baptistæ.

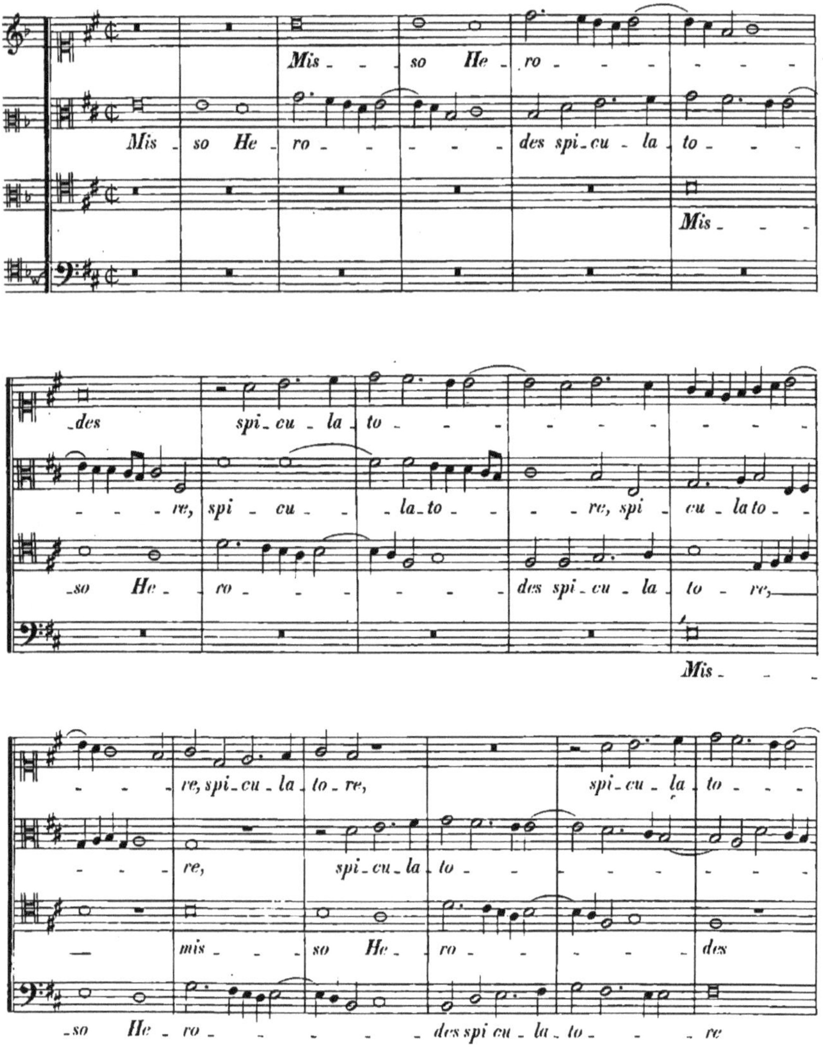

re præ ce pit ampu
re, spi cu la to re præ
præ ce pit am pu ta ri ca put Jo an nis Bap ti
præ ce pit ampu ta ri ca put Jo an nis Bap ti
ta ri ca put Joan nis Bap ti stæ,
ce pit ampu ta ri ca put Joan nis Bap ti
stæ, præ ce pit ampu ta
stæ, ca put Jo an nis, præ ce pit ampu
ca put Jo an nis Bap ti stæ
stæ, ca put Jo an nis Bapti stæ in
ri ca put Jo an nis Bapti stæ, Bap ti stæ
ta ri ca put Jo an nis Bap ti stæ in
in car ce re, quo au di to di sci pu
car ce re, quo au di to di sci pu li e
in car ce re,
car ce re, quo au di to di sci pu

li e - - - - jus, e - - - - - - - - -
- - jus, di sci pu li e - - - - jus, e -
quo au di to di sci puli e - - - - jus,
li e - - - - - - - - jus, quo
- - - jus, quo au di to di sci pu
- jus, quo au di to di sci puli e -
quo au di to di sci puli e - - - - - jus
au di to di sci pu li e - - - - - jus
li e - - jus
- - - - jus ve - ne - runt et tu le -
ve - ne - runt et tu le - runt cor - - - - pus
ve - ne - runt et tu - le - runt cor - - - - pus
ve - ne - runt et tu - le - runt cor -
runt cor - pus e jus, ve ne - runt et tu le runt cor
e - - - - jus, ve ne - runt et tu - le - runt cor
e - - - - - - - jus

- - pus e - jus et po - su - e - runt il - - - - - -
- - pus e - jus et po - su - e - runt il - -
- - pus e - jus et po - su - e - runt il - - - - - lud, et po - su -
et po - su - e - runt il - - - - - lud,
- - - lud in monu - men - - to, in
- - - lud, et po - su - e - runt il - - lud in monu - -
- e - runt il - - - - - - - - - - lud in mo - nu -
et po - su - e - runt il - - - - - lud in mo - nu - men - to,
monu - men - - - to,
in monu - men - -
- - - - men - - - to, in mo - nu - men - - - - - -
- men - - - - - - - to, in monu - men - - - - to, in
in mo - nu - men - - - - - - - - to, in monu -
- - - - - - - - - to.
- - - to, in monu - men - - - - - - - - to.
mo - nu - men - - - - - to, in monu - men - - - - - to.
- men - - - to, in mo - nu - men - - - - - - - to.

No xxj. In festo Nativitatis B. Mariæ.

Na _ ti _ vi _ tas tu _ _ _ a, De _ _ i

Na _ ti _ vi _ tas tu _ a, De _ i ge _ ni _ trix _____ vir _

ge _ ni _ trix _____ vir _ _ _ _ _ _ _ _ _ _

_ _ _ _ _ _ _ _ _ _ _ _ _ _ _ _ _ _ go,

Na _ ti _ vi _ tas tu _ a, De _ _ i ge _ ni _ trix vir _ _ _ _

Na _ ti _ vi _ tas tu _

_ go, na _ ti _ vi _ tas tu _ a, De _ i ge _ ni _ trix vir _

na _ ti _ vi _ tas tu _ a, De _ i ge _ ni _ trix vir _ _ _ _ _ _ go,

_ _ _ _ _ _ _ go, De _ i ge _ ni _ trix vir _ _

_ a, De _ i ge _ ni _ trix vir _ _ _ _ _ go, De _ _

_ _ _ _ _ _ go, _____

De _ i ge _ ni _ trix vir _ go, _____

_ _ _ _ _ _ _ _ _ go, _____ gau _ di _ um annunti _ a _ _ _

_ _ i ge _ ni _ trix vir _ go, gau _ di _ um an _ nunti _ a _ _ _ vit, _____

D.1.

gau-di-um an-nunti-a-vit in u-ni-verso mun-
gau-di-um a-nun-ti-a-vit in u-ni-ver-so mun-do, in u-ni-ver-
vit in u-ni-ver-so mun-do.
gau-di-um an-nun-ti-a-vit in u-ni-
do. Ex te e-nim or-tus est sol,
so mun-do. Ex te e-nim or-tus est
Ex te e-nim or-tus est sol ju-sti-
-ver-so mun-do. Ex te e-nim or-tus est sol,
ex te e-nim or-tus est sol ju-sti-ti-æ, Chri-stus
sol ju-sti-ti-æ, sol ju-sti-ti-æ, Chri-stus
ti-æ, sol ju-sti-ti-æ, Chri-stus
sol ju-sti-ti-æ, Chri-stus
De-us no-ster, qui solvens ma-le-di-cti-o-
De-us no-ster, qui solvens male-di-cti-o-
Deus no-ster, qui solvens male-di-cti-o-nem
De-us no-ster, qui solvens

D. 1.

D.1.

Nᵒ xxij. In feſto Sanctæ Crucis.

por - - - - - - - tet in cru - ce Do-mi-ni

- - - - - - tet in cru - ce Do-mi-ni no - - stri Je-su

- tet in cru - ce Do-mi-ni no - stri Je - su Chri -

in cru - ce Do - - mi-ni no - stri,

no - stri Je-su Chri - sti, Je - su Chri-sti, _____

Chri - - - - - - - sti, in cru -

- - - - - - sti, _____ in cru - ce Do - mi-ni no-stri Je-

in cru - ce Domi-ni no - - stri Je - su Chri-

in cru - ce Domi-ni no - stri Je-su Chri-

- ce Domi-ni no - stri Je-su Chri - - sti, Je - su Chri - sti_

- - su Chri - - - - sti, in cru - ce Domi-ni no-stri

- - - - sti, Je - su Chri - sti, Do-mi-ni no - stri Je - -

- - - - sti, in quo est sa - lus vi - ta et re-sur-re-cti - o no -

in quo est sa - lus vi-ta et re-surre-cti o _____

Je - su Chri - sti, in quo est sa-lus vi - ta et re-sur-re-cti -

- - su Chri - sti, _____ in quo est

D.1.

stra, in quo est sa - lus
no - stra, et re - surre - cti - o
o, et re-surrecti - o no
sa - lus vi - ta et re-surrecti - o no
vi - ta et resur - re-cti-o no - stra, et re-surre-cti - o no
no - stra, in quo est sa - lus vi - ta et resur - re-cti - o no
stra, in quo est sa
stra, in quo est sa - lus vi - ta
stra, et re-sur-re-cti - o, et re-sur-re-cti
stra, et re - sur - re-cti - o
lus vi - ta et re-sur - re-ctio-o - no
et re-sur-re-cti - o no
o no - stra, per quem sal-va - ti
no - stra, per quem sal-va - ti et
stra, per quem sal
stra, per quem sal

et li-be-ra-ti su - - - - - - - - - - - -
li-be-ra - - ti su - - - - - - - - - - - -
-va - ti et li - be - ra-ti su -
-va - ti et
- - - - - - mus, per quem sal-va - ti, per quem sal-
- - - - - - - - mus, per quem salva - ti et
- - - - - - - - mus, per quem salva - - - - - ti, per quem sal-
li - be-ra-ti su - - - mus, per quem salva - ti
-va - ti et li-be - ra-ti su - - - - - - - - - - - mus, et
li-be-ra - - - ti su - - - - - - - - - - - mus, su -
-va - ti et li - be - ra-ti su -
et
li - be-ra - ti su mus.
- - - - - - - mus, et li - - be-ra - ti su - - mus.
- - - - - - - - - mus, et li - be-ra-ti su - - mus.
li - be-ra - ti su - - - - mus, et li-be-ra-ti su - - - mus.

Nᵒ xxlij. In festo omnium Sanctorum.

Sal _ va _ tor mun _ di, sal _ va nos o _ mnes, sal _

Sal _ va _ tor mun _ di, sal _ va nos o _ mnes,

Sal _ va _ tor mun _ di, sal _ va nos o _ mnes,

Sal _ va _ tor mun _ di, sal _ va nos o _ mnes, sal _

_ va nos o _ _ _ _ mnes, san _

sal _ va nos o _ mnes

sal _ va nos _ o _ mnes, san _ cta De _ i ge _

_ va nos o _ _ _ _ _ mnes, san _ cta De _ i ge _

_ cta De _ i ge _ _ _ _ ni _ trix,

san _ cta De _ i ge _ _ _

_ _ _ _ _ ni _ trix, in _ ter _ ce de pro

_ _ _ _ _ ni _ trix, in _ ter _ ce _

D. l.

in _ ter _ _ ce _ _ de pro no _ _ bis, An _ ge_li,Arch_ange_li _

_ mi_trix,in _ ter _ _ ce _ _ de pro no _ bis, An _ ge_li,Arch_ange_li

_ nobis, pro _ no _ _ _ _ bis, _ thro_

_ de pro _ no _ _ bis, _ thro _

prin _ ci _ pa _ tus et po _ _ te_

throni et do_mi_na_ti _ o _ _ nes, prin _ ci_pa _ tus et po_te_

_ ni et do _ mi _ na _ ti _ o _ _ _ _ _ _ nes,

_ ni et do _ mi_na _ ti _ o _ _ _ nes,

_ sta _ _ tes, vir _ tu _ tes cœ _ lo _ _ _ rum,_

_ sta _ _ tes, vir_tu _ _ tes cœ _ lo _ _ rum,

vir _ _ tu _ tes cœ_ _ lo _ _ _ _ _ rum,

vir _ _ tu _ tes cœ _ lo _ _ _ _ rum, Che _ ru_

Che _ ru _ bim at_que Se_ra_phim,_ Pa _ tri ar _

Che _ ru _ bim at_que Se_ra_phim, Pa_ _ tri ar_

Che _ _ ru _ bim at_que Se_ra_phim, Se _ _ _ _ ra_phim,

_ bim,_ Che _ ru _ bim at_que Se_ra_phim,

D. 1.

et Prophe - - - - - - - tæ, san -

_chæ et Pro - - - phe tæ,

Pa_tri_ar_chæ et Pro_phe - - -

Pa_tri_ar_chæ et Prophe - - -

_cti le - gis Do_cto_res, san_cti le_gis Do_

san_cti le_gis Do_ - - cto_res, san_cti le_

_tæ, san_cti le_gis Do_cto_res, san_cti le_gis Do

_tæ, san_cti le_gis Do_

_cto - res, A_po - - sto_li,

_gis Docto_res, A_po - - sto_

_cto - res, A_po - - sto_li,

_cto - res, A_po - - sto_

o_mnes Christi Mar_ty_res,

_li, o_mnes Christi Mar_ty_res, san_cti Confes_so_res,

o_mnes Christi Mar_ty_res, san_

_li, o_mnes Christi Mar_ty_res, san_cti Confes_so_res,

D.1.

D.1.

Nº xxiiij. In festo Sancti Martini Episcopi.

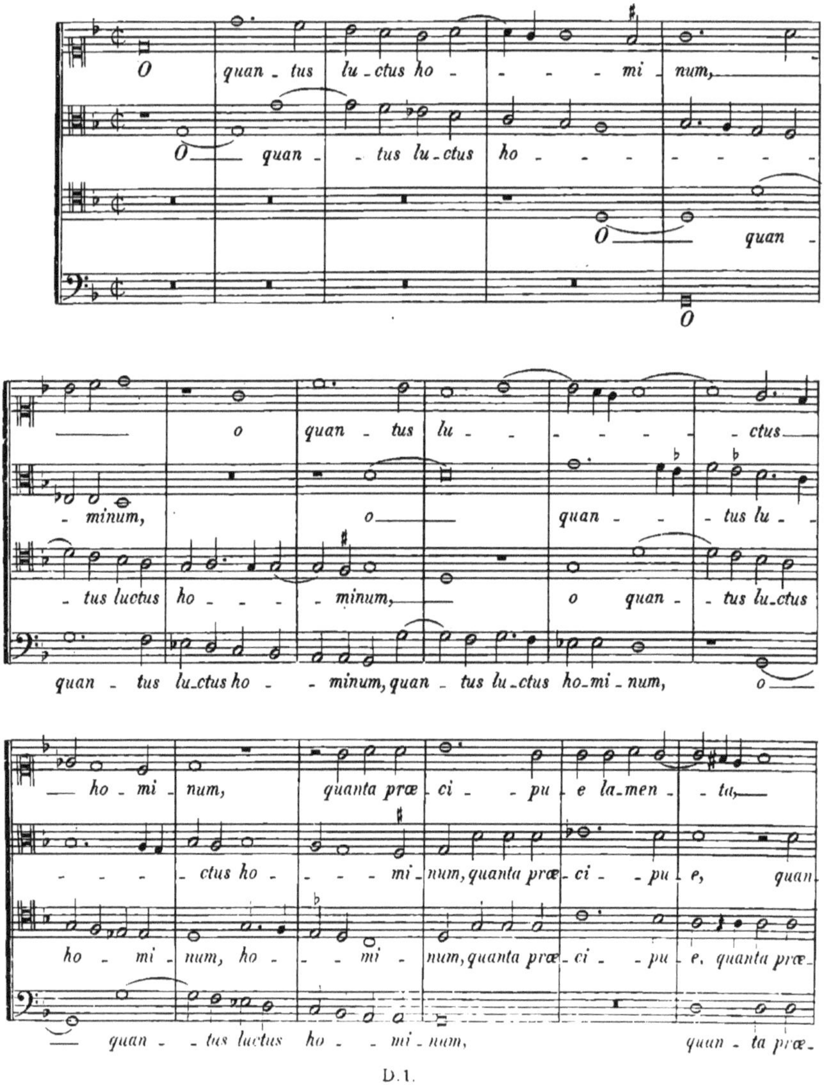

D.1.

a pi - um est gau - de - re Mar-
-rus, qui - - a pi - - um est gau - de - re Mar-
-rus, qui - a pi - - - um est
-rus, qui - a pi - - - - - um est
-ti - no, Mar - ti - - - no,
-ti - no, Mar - ti - - - no,
gau - de - re Mar - ti - no, Mar - ti - - -
gau - de - re Mar - ti - no, Mar - ti - - -
et pi - um est fle - re Mar - ti - - - num, Mar - -
et pi - um est fle - re Mar - ti - - - - - -
- no, et pi - um est fle - re Mar - - ti -
- no, et pi - - um est fle - - re Mar - -
- ti - - num, qui - - - a pi - um
- - - - - - num, qui - - a pi - - um
- - - - - - - - num, qui - - a pi - - um
- ti - - - - - - - num, qui - - a pi - - - - um

est gau - de - re Mar - ti - no, Mar - ti - - - no,
est gau - de - re Mar - ti - no, Mar - ti - - - no,
est gau - de - re Mar -
est gau - de - re Mar -
gau - de - re Mar - ti - - no, Mar - ti - - -
gau - de - re Mar - ti - - no, Mar - ti - - -
- ti - no, Mar ti - - - no, gau - de - - re Mar - - - ti - - -
- ti - no, Mar ti - - - no, gau - de - re Mar - ti - - - no, Mar - ti - -
- no, et pi - um est fle - - - re Mar - ti - - -
- no, et pi - um est fle - - - re Mar - - -
- no, et pi - - um est fle - - - re
- no, et pi - - - um est fle - - -
- - num, Mar - - - - - - - - - ti - - - - num.
- ti - - - - - - - num, Mar - ti - - - - - - - - - num.
Mar - - - - ti - - - - - - - - - - - - num.
- re Mar - - - - ti - - - num, Mar - ti - num.

No xxb. In festo Præsentationis B. Mariæ.

D. 1.

qui di - li - gi - tis Do - mi - num,
- tis Do - mi - num, qui di - li - gi - tis Do -
o - mnes, qui
o - mnes, qui di - li - gi - tis Do - mi - num,
o - mnes, qui di - li - gi - tis Do - mi - num,
- mi - num, Do - mi - num,
di - li - gi - tis Do - mi - num,
qui - a cum
qui - a cum es -
qui - a cum es - sem par -
qui - a cum es - sem par - vu - la, qui - a cum es - sem
es - sem par - vu - la, qui - a cum es - sem par -
- sem par - vu - la, par - vu - la,

vu - la pla - cu - i al -
par - vu - la pla - cu - i al - tis
vu - la pla - cu - i al - tis - si - mo,
pla - cu - i al - tis -
- tis - si - mo, pla - cu - i al - tis -
si - mo, pla - cu - i al - tis - si - mo
pla - cu - i al - tis -
si - mo, pla - cu - i al - tis -
si - mo et de me - is vi - sce -
et de me - is vi - sce - ri - bus,
si - mo et de me - is vi - sce - ri -
si - mo, al - tis - si - mo et
ri - bus
et de me - is vi - sce - ri - bus ge - nu - i De -
- bus, et de me - is vi - sce - ri - bus ge - nu - i De -
de me - is vi - sce - ri - bus ge - nu - i De - um et ho -

ge - nu - i De - um et ho - mi - nem,
- um, ge - nu - i De - - um et ho - mi -
- um et ho - - mi - nem,
- mi - nem, et de me - is vi -
et de me - is vi - sce - - ri - bus
- nem, et de me - is vi - sce - ri - bus
et de me - is vi - sce - - - - - ri - bus, ge - nu - i
- sce - - - - ri - bus ge -
ge - nu - i De - - um et
ge - - nu - i De - um, ge - nu - i De - um et
De - - - - - - - um, ge - nu - i De -
- nu - i De - - um et ho - - mi - nem, et ho - mi - nem,
ho - - - - - - - - mi - nem.
ho - - - - - - mi - nem, et ho - - mi - nem.
- um et ho - - mi - nem, De - um et ho - mi - nem.
ge - - nu - i De - - - um ho - mi nem.

No xxbj. In festo Sancta Cecilia.

D.1.

fi - nem da - - - - - ret, fi - - nem da - - - -
dum au - ro - - ra fi-nem da - ret,
- nem da - ret, fi - nem da - - - - ret, fi - nem da -
- - - - - - - ret, Ce - ci -
- - - - ret, Ce - ci - li - a ex - cla-ma - vit
Ce - ci - li - a ex-cla-ma vit di - - cens,
- - - - ret, Ce - ci - li - a
- li - a ex - cla - mavit di - cens,
di - - - - cens, ex - clama - vit di - - cens,
ex - - cla - ma - vit di - - - cens, Ce - ci -
ex - cla-ma - vit di - cens, ex - clama - vit di - - - -
Ce - ci - li - a ex - clama - vit di - - -
Ce - ci - - li - a ex - clama - vit di - - - -
- li-a ex - clama - - vit di - cens, ex - cla-
- - - cens, Ce - ci - li-
- - cens, di - - - cens, ex - - clama-vit di - - - - - - -

-cens: Ey-a mi-li-tes Chri-
-ma-vit di- - - - - -cens: Ey-a mi-li-tes Chri- - - -
-a ex-clama-vit di- - -cens:
-cens, ex- -cla-mavit di- - - - -cens:
- - -sti, ey-a mi-li-tes Chri-
- -sti, ey-a mi-li-tes Chri- -
Ey- - -a mi-li-tes Chri- - - - - -sti,
Ey-a mi-li-tes Chri- - - - - -sti, ey- -a
- - - -sti, Chri- - - - -sti, ab-
- - - - - - - - -sti, Chri- - - -sti,
ey-a mi-li-tes Chri- - - - - - -
mi-li-tes Chri- -sti, ab-ji-ci-te o-
- -ji-ci-te o-pe-ra te-ne-bra - - - - - - -
ab- -ji-ci-te o-pera te-ne-bra - - - - -rum,
- - -sti, ab- -ji-ci-te o-pera te-ne-
-pera te-ne-bra - - - -rum, ab- - -ji-ci-

D.1.

No° xxbij. In fefto Sancti Andreæ.

D.1.

cem et ____ di - _ xit: sal - - ve____

cru - cem ____ et di - - - - xit: sal ve____

vi - dit cru - cem et di - - - xit:

di-xit, et____ di - - - - xit: sal -

crux, sal - - ve, sal - - - ve crux, sal - -

crux, sal - - ve____ crux, sal - ve - crux,

sal - - - ve____ crux, sal ve____ crux, sal - -

- ve____ crux, sal - ve____

- ve____ crux, su - - scipe di - sci-pu-lum____ e - jus,

sal - - - - ve crux, su - scipe di - sci-pu-lum____

- - - ve crux,____ su - sci -

crux,

e - - - - jus, su - sci - pe di-sci-pu-

- e-jus, su - sci - pe di-sci - - pu-lum e - - jus, su - sci-

-pe di-sci - - - - pulum, su - sci-pe di - sci - pu-lum____ e -

su - - sci-pe di - scipu-lum____ e-jus,____

D.1.

D.I.

Nº xxviij. In festo Conceptionis B. Mariæ.

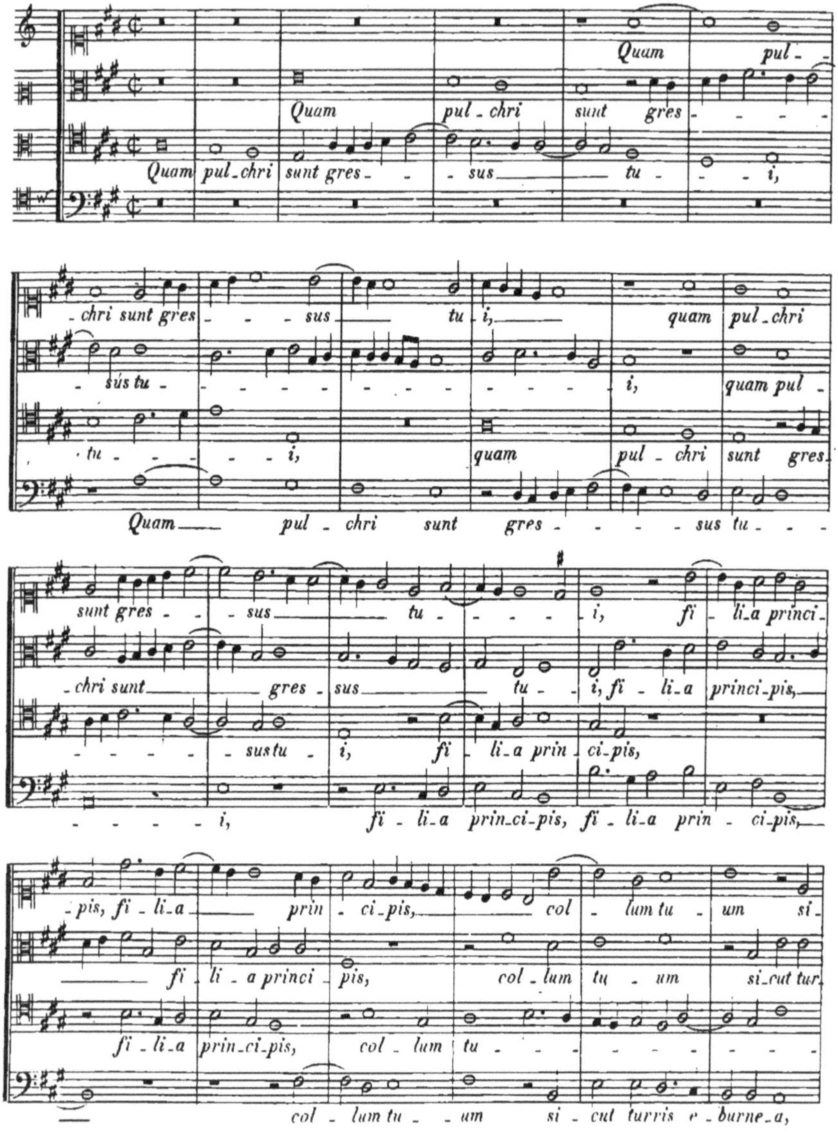

D.1.

tis tu _ _ _ _ _ _ _ i _si_ _pur_ _pura re_ _ _ gis,

ca _ pi_tis tu _ _ _ _ _ i _si_cut pur_ _pura re_

_ i _ _ _ si _ _out pur_pura re _ gis, si _ cut pur_pura

_ i si _ _cut pur_ pura re _ gis, re _ _ gis, si _

si _cut pur _ pura re _ _ _ _ _ _ gis.

_ _ _ gis, si _cut pur_pu_ra _ _ _ re _ _ _

re _ _ _gis, si _ cut pur_pura re _ gis. Quam pul_

cut pur pura re _ _ _ gis, si_cut pur_ pura

Quam pul _ chra es et quam de _co _ _ _ _ _

_ _ _ gis. Quam pul_chra es et quam de_co _ ra _

_chra es et quam de _ _ cora ca _ rissi_ma, quam pul_

re _ gis. Quam _ _ _ pul _ chra es, quam

_ _ ra ca_ ris _ si _ ma, quam pul _ chra es et quam de_

ca_ris _ _ _ si _ ma, quam pul _ chra es et

chra es et quam de co _ _ _ ra _ _ _ ca_ris_si_

pul _ chra es et quam de_co _ _ _ _ _ _ ra ca_rissi_ma,

D.1.

- co - - - - - ra caris - - si - ma, et quam de - co -
quam de-co - - - - ra caris - - - - si - ma, et quam de - co - - - ra
- ma, quam pul - chra es et quam de - co-ra, et quam de - co - - ra ca-
quam pul - chra es et quam de - co -
- ra ca - - ris - - - si - ma. Al - - - le-lu - -
ca - - - ris - si - ma. Al - - le lu - - - ja,
- ris - - - - - si - ma. Al - - - le lu - - - - - -
- ra ca - - - ris - si - ma, ca - ris-si - ma.
- - - - - - - ja, al - - le - lu -
al - le - lu - - - - - ja, al - - - le-
- ja, al - - - le-lu - ja, al - le-lu-
Al - - - - le-lu - ja, al-le-lu - ja,
- ja, al - - - le - lu - - - ja, al - - - le - - - lu ja.
- lu - ja, al - le - lu - - - ja, al - - - le - lu - ja.
- ja, al - - le-lu - - - - - - - ja.
al - - le - lu - ja, al-le-lu - ja, al - le - - lu - ja.

№ xxbllij. In festo Apostolorum.

Tol _ li _ te ju - gum me - _ um su _ per vos,

Tol _ li _ te ju - gum me - um su _ per vos, _____ di - cit

_____ di _ _ _ _ cit Do _ _ _ _ mi _ nus,

Do _ _ mi _ nus, _____ Do _ _ _ _ _ mi _ nus, su _ _ _

Tol _ _ _ li _ te ju _ gum me - _

Tol _ _ li _ te ju _ _ gum me _ _ _ um su _ per vos, _

su _ _ per vos, _____ di _ _ cit

_ _ _ per vos, su _ per vos, _____

_ um su _ per vos, _____ di _ _ cit Do _ mi _ nus, di _

_____ di _ cit Do _ mi _ nus, su _ per vos, _____ di _

D.1.

sum et hu-mi-lis _____ cor _ _ _ de, et

hu-mi-lis, et hu - _ mi - lis cor _ _ _ de, et hu-mi-lis _____

D.1.

te a me, qui - a mi - tis sum et hu - mi - lis cor - - - -
qui - - a mi - tis sum et hu - - - mi -
di - - sci - te a me,
cor - - de, qui - - - a
- - de,
- lis cor - de, qui - - a mi - tis sum et hu - mi - lis cor - - -
qui - a mi - - tis sum et hu - mi - lis cor - - - - - -
mi - tis sum et hu - mi - lis cor - - - - - -
qui - a mi - tis sum et humi - lis cor - - - - de: ju - gum e -
- de, et humi - lis corde: ju - - gum e - nim
- - - de, et hu - - - mi - lis cor - - - - - - - -
- - de, et hu - - mi - lis cor - - de, cor - - - - de:
- nim me - um su - a - - ve est, ju - gum e - nim
me - um su - a - - - - ve est, ju - gum e -
- de: ju - gum e - nim me -
ju - - gum e - - nim me - - um su - a - ve est, su -

me_um su _ a _ _ ve est, su_a _ _ _ _ _ _ _ ve
_nim me_um su _ a _ ve est, su _ a _ ve est
_ um su _ _ a _ ve est, su _ a _ _ ve est, su _ a _ ve
_ a _ ve est, su _ a _ ve est, su _ a _ ve
est, et o_nus me_um le _ ve,
et o _ _ nus meum le _ _ _ ve, et o_nus me _ um
est, et o _ _ nus meum le _ ve, et o_nus me_um le _ _
est, et o _ _ nus me_um le _ _
et o _ _ nus meum le _ ve, le _ _ _ _ ve, et o_nus
le _ ve, et o _ _ nus meum le _ _ _ _ _ ve, et o _ _ nus
_ _ ve, et o _ _ nus me _ um le _ _ _ ve, et
_ _ ve, et o _ _ nus
me_um le _ _ _ _ ve.
me_um le _ _ ve, et o _ _ nus me_um le _ _ _ ve.
o _ nus me _ _ _ _ um, et o _ _ nus me_um le _ _ _ ve.
me_um le _ _ _ _ ve, et o_nus me_um le _ _ _ ve.

Nᵒ xxx. In festo Evangelistarum.

cta, _quos e_le _ git Domi_nus _in_

cta, _in_ _chari_ta _ te non fi _ _ _ _ _ _ _ _ cta,_

minus _in chari_ ta_te non fi _ _ cta,_ _in cha _ ri_ta _ _ _

_quos e_le _ git Domi_nus in cha_ri_ta _ _ _ te non fi _ cta,____

_chari_ta_ _te non fi _ _ _ _ _ cta_ _et_

_in cha _ _ ri_ta _ te,_ _in cha_ri_ta _ te _____ non fi _ _ _

_te non fi _ _ _ _ cta,in cha _ ri _ta _ _ te non_

_quos e_le _ git Do_mi_nus_ _in_ _chari _ ta _ te non_

_de _ dit_ _il _ lis_____ _glo _ ri_am sem_pi _ ter_ _ _ _

_ cta_ _et de _ dit_ _il _ lis glo _ ri _ am sempi_ter _ _ _

_____ fi _ cta _____ _et_

_fi _ _ cta_

_ nam,_ _et_ _de _ dit_ _il _ lis_

_ nam,sem_pi _ ter _ nam,_ _et de _ dit_

_de _ dit_ _il _ lis_____ _glo _ riam sem_pi_ter _ nam,_ _et de_dit_

_et de _ dit_ _il _ lis glo _ riam sempi_ter _ _ _ _

D.1.

glo - ri-am sem - pi - ter - nam, sem - - - pi - ter - - nam,
il - lis glo - - ri-am sempi - - ter - - - - - - - nam, sem - -
il-lis, de-dit il - - - - - lis glo - ri-am
- nam, et de - - dit il - lis glo -
quo - rum do-ctri - na fulget ec - cle - - - si
- - pi - ternam, quo - rum do-ctri - na ful - get ec -
sem - pi - ter - - - - - - - - - nam,
- - ri-am sempi - ter - - - - - nam,
- a, ful - - - - - get ec-cle - - - - si - a,
- cle - - - - - - - si - a, ful - - get ec-cle -
quorum do - ctri - - na ful - - get ec-cle - - - - si -
quo - rum do - ctri - na ful - get ec -
quo-rum do - ctri - na ful - get ec-cle - -
- - - si - - a, quorum do - ctri - na
- a, ful - get ec - cle - - - - si - a, quo - rum do-ctri - na ful-get ec -
- cle - - - - - - - - si - - a,

si - a ut sol et lu -
fulget ec - cle - si - a ut sol et lu - na,
cle-si - a, ful - get ec - clesi - a ut
ful - get ec - cle - si - a
na, ut sol et lu -
ut sol et lu - na, ut sol et lu -
sol et lu - na, ut sol et lu - na, ut
ut sol et lu - na, sol et lu - na,
na, ut sol et lu -
na, ut sol et
sol et lu - na, ut sol
ut sol et lu -
na.
lu - na, ut sol et lu - na.
et lu - na, ut sol et lu - na.
na, ut sol et lu - na.

Nº xxxj. In festo unius Martyris.

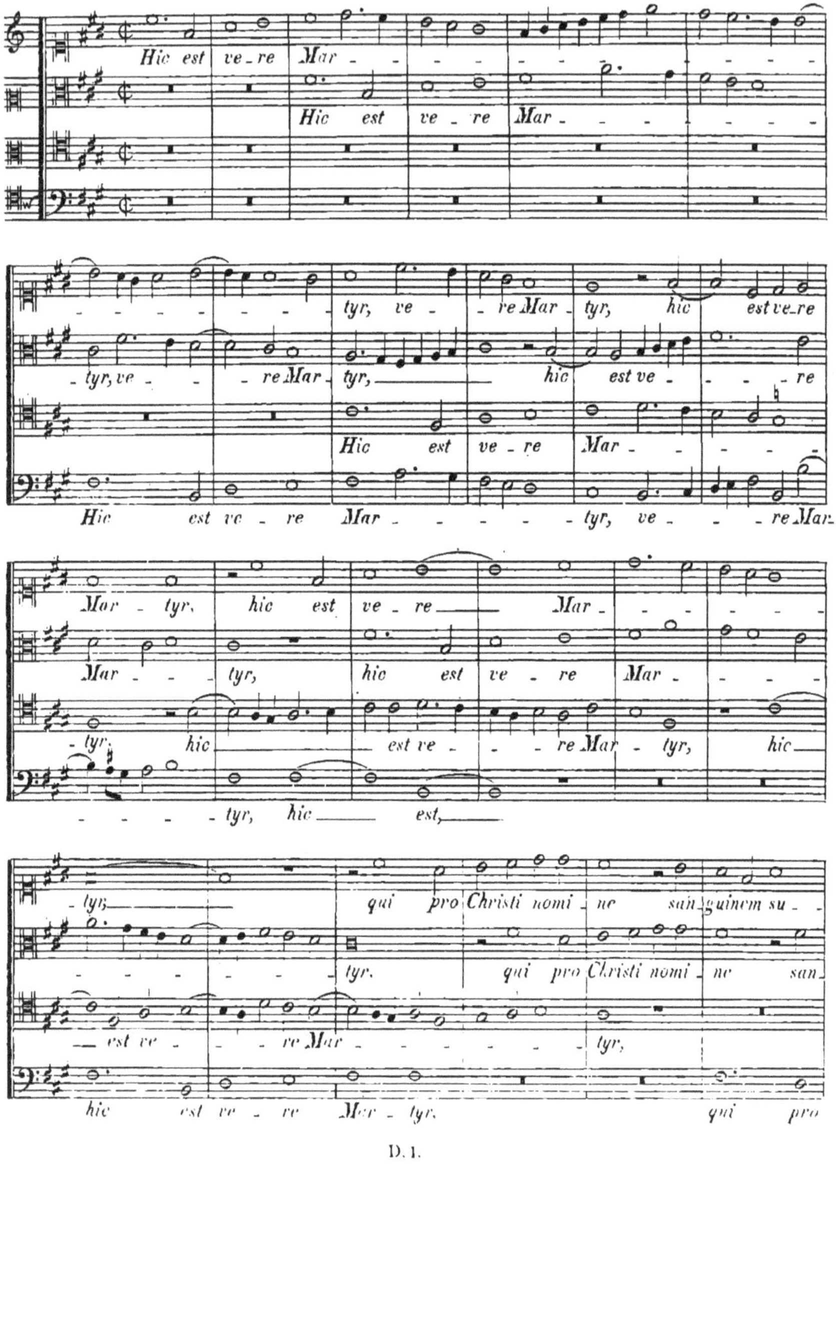

um fu - - dit, san - guinem su - um fu - - dit,
guinem su - um fu - dit, san - guinem su - um fu -
qui pro Christi nomine san - guinem su - um fu - - - - - dit,
Christi nomi - ne sangui - nem su - - um fu - - - - - - dit,
qui pro Christi no - mi - ne sanguinem su - um fu - dit,
- - - - - - - - - - dit, qui pro Christi nomi -
qui pro Christi no - mi - ne san - guinem su - um fu - dit,
san - guinem su - um fu - dit, san -
sanguinem su - um fu - - - - dit, qui
ne sangui - nem su - - - - - - - - um fu - - - dit,
fu - - - - dit, san - guinem su - um fu - dit, qui mi - nas ju -
guinem su - - um fu - - - - - - - - - dit, qui mi - nas
mi - nas ju - di - cum non ti - mu - it, non ti - mu - it,
qui mi - nas ju - di - cum non ti - mu - it,
- - - - - di - cum, qui mi - nas ju - di - cum non
judi - cum, qui mi - nas ju - di - cum non

qui mi - - nas ju di - cum non ti mu - it

qui mi - - nas ju - di - cum non ti mu - it

ti mu it, non ti - - mu - it, qui mi - nas ju - di -

ti mu it, non ti - mu - it, qui mi - - nas ju di -

nec ter renæ di - gnita - - - tis, nec ter -

nec ter re næ nec terre - næ dignita - tis, nec ter re - næ, nec

- cum non timu - it nec terre næ di - gni ta - - -

- cum non timu - it nec terre - næ digni ta - tis,

- renæ di - - gnita - - tis - glo - ri am quæ si - - -

terre - næ digni ta - - tis glo - - ri am quæ - - si - - vit

- - - - tis, nec ter re - - næ di gni

nec terre - næ di gni ta - tis glo - - ri -

- - vit, nec ter re - - næ di gni ta - tis glo - riam quæ - - -

glo - ri am quæ si vit, nec terre - næ digni - ta - -

- ta - tis glo - ri am quæ si - - - vit, glo

- am quæ si - vit, glo - ri am glo - - ri - am quæ

si - vit, sed ad
tis glo - ri - am quæ si - vit,
riam quæ si - vit, sed ad cœ-le-sti a regna per
si - vit, sed ad cœ-le-sti-a re-gna perve
cœ-le-sti a, sed ad cœ le-sti-a re-gna per - ve
sed ad cœ-le-sti a regna per-ve - nit, sed
ve - nit, sed ad cœ-le-sti-a re
nit, perve - nit, per - ve - nit,
nit, sed ad cœ le-sti-a re - gna perve
ad cœ-le-sti a regna perve - nit, sed ad cœ le-sti-a re
gna per-ve nit, per ve - nit, per
sed ad cœ-le-sti a regna per-ve - nit,
nit.
gna per - ve - nit, per - ve - nit, per - ve - nit.
ve - nit, per - ve - nit, per - ve - nit.
per - ve - nit, per - ve - nit.

Nº xxxij. In festo plurimorum Martyrum.

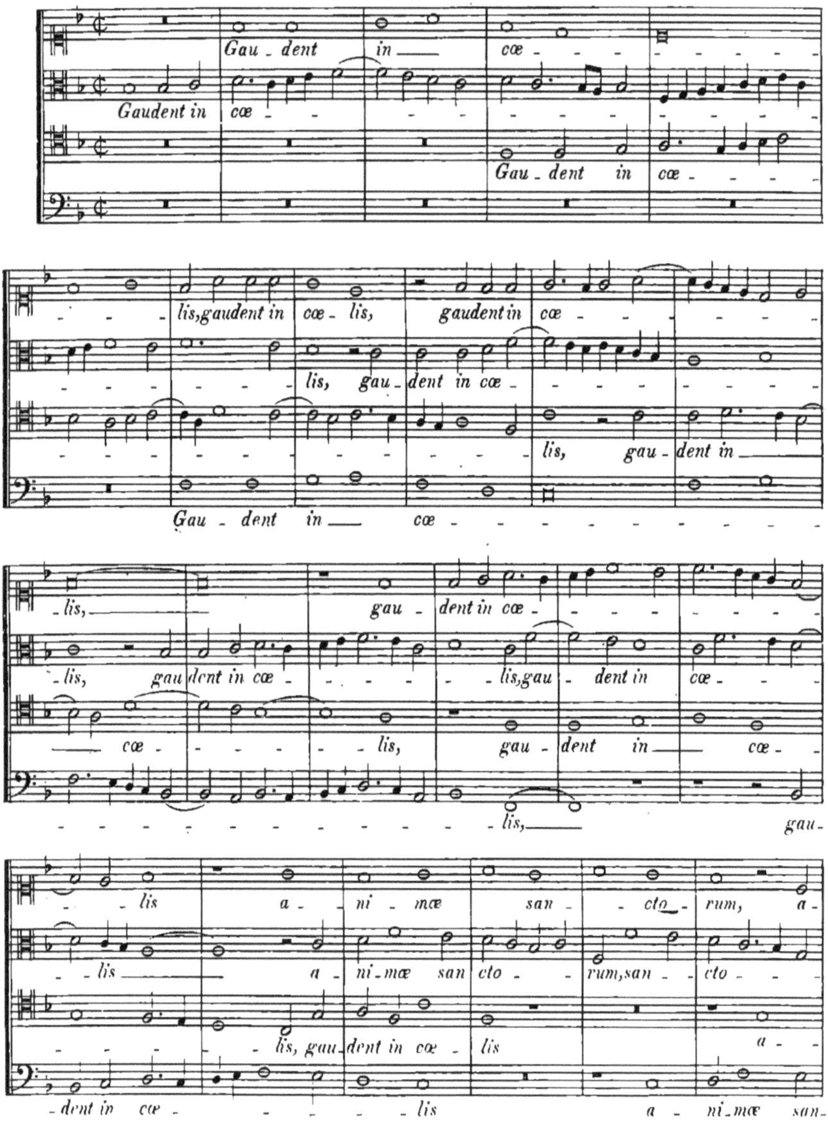

_ni_-_mœ_ san-cto-_rum._ a-_ni_-_mœ_ sancto - - - - -

rum, a - ni - mœ san - - cto - -

_ni_ - mœ san - - cto - _rum,_ a-_ni_-_mœ_ sancto -

- cto - - - _rum,_ a - _ni_-_mœ_ san - cto - -

rum, qui _Chri_ - - - sti ve - - -

rum, qui _Chri_-sti ve - - _sti_-_gi_-_a_

rum, qui _Christi_ ve-sti - - - _gi_-_a,_ qui _Christi_ ve-

rum, qui _Chri_-sti ve-sti - - - - _gi_-_a,_

sti - _gi_-_a_ sunt se-cu - - - ti,

ve-_sti_-_gi_-_a_ sunt se-cu

sti-_gi_-_a_ sunt se-cu - - - ti, sunt se-cu-

qui _Christi_ ve-sti - - _gi_-_a_ sunt se - -

et qui- - a pro e - - -

ti, et qui- a pro e-jus a- mo -

ti, et qui- a pro e-jus a-mo-

_cu_ - - ti, et qui - - a, et

D.1.

jus a mo re
re, pro e jus a mo re san gui
re, pro e jus a mo
qui a pro e jus a mo re san guinem
san gui nem su um fu
nem su um fu de runt, san gui nem su um fu de
re sangui nem su um fu de runt, sanguinem
su um fu de runt, sanguinem su um,
de runt, san guinem su um fu de runt.
runt, san guinem su um fu de runt. I
su um fu de runt, san guinem su um fu de runt. I
san gui nem su um fu de runt.
I de o cum Chri sto
de o cum Chri sto, cum Chri sto ex
de o cum Chri sto, cum Chri
I de o cum Chri

D.1.

No xxxiij. In festo Confessorum Pontificum.

I - ste est, qui an te De -

I - ste est, qui an te De -

I -

_ um, qui an _ te De -

_ um, qui an _ te De -

qui an _ te De _ um, i -

I - ste , est, qui an

_ um, qui an _ te De _ um,

i - ste est, qui an te De -

qui an te De _ um, qui an te De -

_ um, qui _ ante De -

i - ste est, qui an te De -

_ um, qui an te De

um, i ste est, qui an te De -

_ um, i - ste _ est, qui an te De

D. 1.

ma - gnas virtu - tes o - pera - - - tus est, ma -
- um magnas vir - tu - tes o - pera - tus est,
- um magnas vir - tu - tes, ma - gnas vir -
- um ma - gnas vir - tu - tes o - - pe - ra - tus est,
- gnas vir - tu - - tes o - pe - ra - tus est, magnas vir -
o - - pe - ra - - - tus est, ma - gnasvirtu - -
- tu - tes o - pera - tus est, o - pe - ratus est,
ma - gnas vir - tu - tes o - pera - - tus est,
- tu - tes o - pe - ra - tus est, o - pe - ra - tus est,
- tes o - pe - ra - tus est, o - pe - ra - tus est, o -
ma - gnas vir - tu - tes o - - pe - ra - tus
ma - gnas vir - tu - - tes o - pe - ra - tus est,

om-nis ter - ra do - ctri - na e - jus re-ple - - -
e - jus re - ple - - - - - - - ta
est, do-ctri - - na e - - jus reple - - - - ta
- ple - ta est, do-ctri - - na e-jus re - ple-ta
- ta est, do - ctri - na e - jus re - ple - - -
est. I - pse interce - dat, i - pse in - ter - ce - - -
est. I - pse interce - - - - - -
est. I - pse inter - ce - - - dat,
- ta est. I - pse inter - ce - - - dat, i - - pse in - - terce -
- dat, i - - - - - pse in - terce - - dat
- - dat, i-pse in - terce - - - - - dat
i - pse in - terce - - - - dat pro pec - ca - tis om-ni-um po-
- - - - - - dat pro pec-ca - tis omni-um

D.1.

Nº xxxiiij. In festo Confessorum non Pontificum.

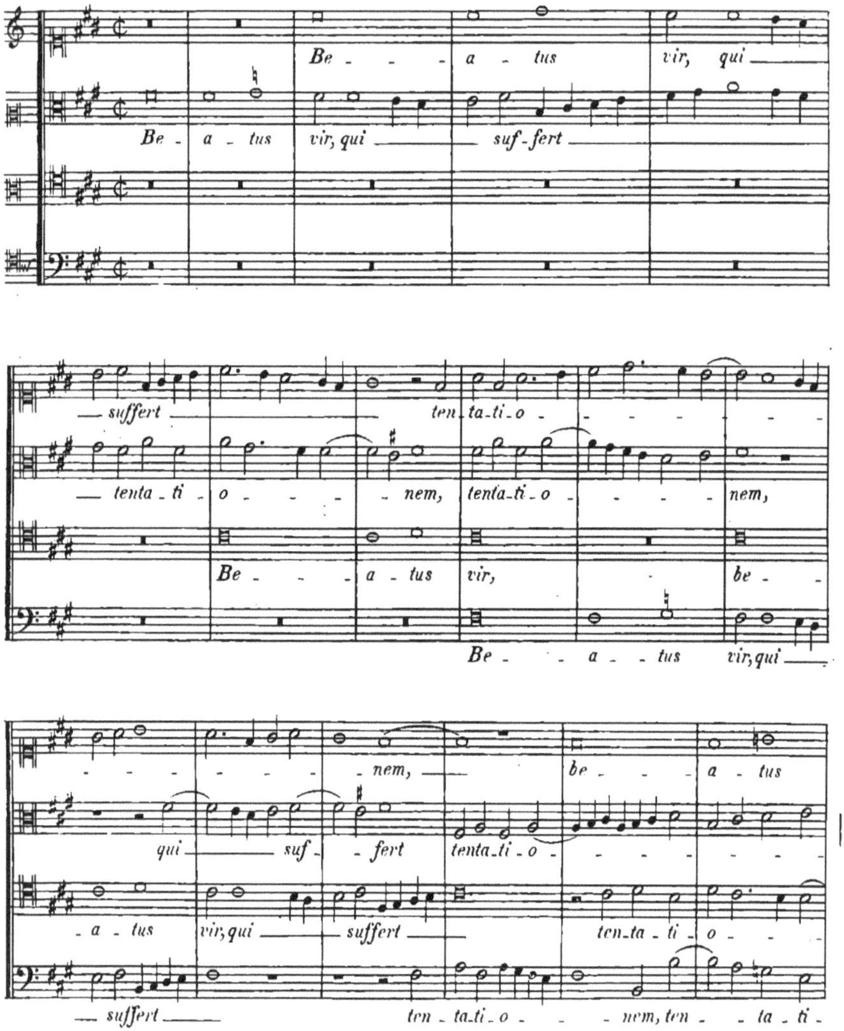

D.1.

-ci - pi - et co-ro - nam vi - - - tæ, ac - ci-pi-et co-ronam
-ci - pi - et co - ro - nam vi - tæ, ac - - ci-
- pi - et co-ro-nam vi - - - - tæ, ac-ci-pi - et, ac-
-ci - pi - et co - ro - nam vi - tæ,
vi - - tæ, co ronam vi - - - - - - -
-pi-et co ronam vi - tæ, co - - ro-nam vi-
- - ci - pi - et co-ro-nam, co-ro - nam vi - - - -
ac - ci - pi - et, ac - ci - pi - et co - - ro-nam vi -
-tæ, quam repro-mi-sit De - -
-tæ, quam re-promi-sit De - us,quam repro-mi-sit De -
- tæ, quam repro-mi-sit De - - - - us
-tæ, quam re-promi-sit De - us, quam
- - - - - - - - - us, quam re-pro-mi - sit De -
- - - - us, quam re-pro - mi-sit De - - - -
quam re - pro - mi-sit De - - - - - - - -
re-pro - mi-sit De - - - - - - - us di -

us
di-
us
di-li-gen-ti-bus
us
di-li-gen-ti-bus
se,
li-gen-ti-bus
se, se
li-gen-ti-bus
se,
se,
di-
di-li-gen-ti-bus
di-li-gen-ti-bus se,
di-li-gen-ti-bus
li-gen-ti-bus
se,
di-li-
se,
di-li-gen-ti-
di-li-gen-ti-bus
se.
gen-ti-bus
se,
di-li-gen-ti-bus
se.
bus
se,
di-li-gen-ti-bus
se.
se,
di-li-gen-ti-bus
se.

No xxrb. In festo Virginum.

Te - ni spon sa Chri - - - - sti, ve - ni spon sa Chri - - sti, ve - ni spon sa Chri - - sti, Chri -

Te - ni spon - sa Chri - - - - sti, ve - ni spon - sa Chri - sti, ve ni spon sa Chri - - - sti, ve -

Te - ni spon sa Chri - - - - sti, ve - ni spon - sa Chri - sti, sponsa Chri - - - sti,

Te - ni spon - sa Chri - - - sti, ve - ni sponsa Chri - sti, ve - - ni spon -

D. 1.

D.1.

mi - nus, _____ quam ti - bi Dominus, quam ti -
quam ti - bi Do-mi-nus, quam _____ ti - - bi Do -
mi - nus, quam ti-bi _____ Domi-nus,
Do - mi-nus, Do - - mi - nus, quam

- bi Do mi-nus _____ præ - pa-ra-vit in æ - ter - num,
- mi - nus præ-pa - ra-vit in _____ æ-ter - - -
quam ti - bi Do - mi - nus _____
ti - bi Do-mi - nus _____ præ - - pa - ra-vit in _____

præ - pa - ra-vit in _____ æ-ter - num, _____
- - num, _____ præ - pa-ra-vit in æ - ter - - num,
præ - pa - ra-vit in _____ æ-ter - num, in _____ æ - ter -
_____ æ-ter - num, præ - - pa - ra-vit in _____

præ - pa-ra-vit in _____ æ - ter - - - - - num.
præ-pa-ra-vit in _____ æ - ter - num, in æ - ter - num.
- num, _____ præ - pa-ra-vit in _____ æ-ter - num.
_____ æ - ter - - - num, _____ in æ - ter - - - - num.

D. 1.

Nº xxxvj. In Dedicatione Templi.

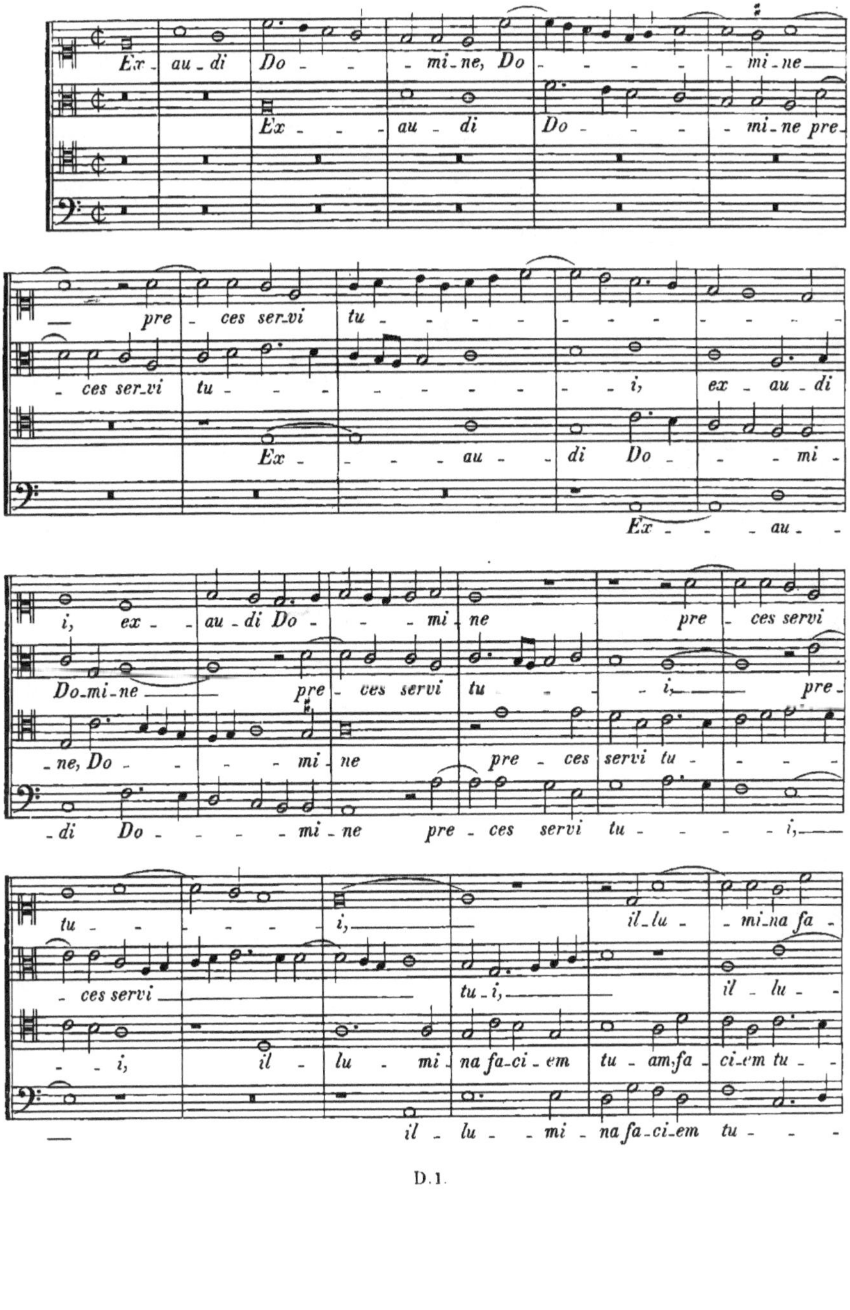

D.1.

D. I.

MOTECTA

quatuor vocibus

partim plena voce partim paribus vocibus

a

Joanne Petro Aloysio Prænestino.

Liber Secundus.

VENETIIS, 1581.

Prima pars.

- - - ram? u - bi me ab-scon-
- di - ca - re ter - - ram? u-
- di - ca - re ter - ram? u- - bi me ab-scon- - dam a
u - bi me ab - scon - dam a vul-tu i - ræ
- dam a vul-tu i- - - ræ tu - æ, a vul-tu i - ræ
- bi me ab- scon - dam a vul-tu i- - - ræ tu-æ,
vul-tu i- - ræ tu - æ, i - ræ tu- - - - æ? u-
tu - æ? u- - bi me ab -
tu - æ? a vul-tu i - - ræ
i- - - ræ tu-æ? a vul-tu
- bi me ab- scon - dam a vul - tu i- - - ræ tu- - æ? a
- scon - dam a vul-tu i- - - ræ tu- - - - æ?
tu- - - - - - - æ? qui-
i - ræ tu- - - - - æ? qui - a pec-ca-vi
vul-tu i- - - ræ tu- - æ? qui-a pec- ca - vi ni-
a vul - tu i- - - ræ tu- - æ? qui-a pec - ca - vi ni-

-a pecca-vi ni - mis in vi - ta me - - a, in vi - ta
ni - mis in vi - ta me - - - - - - -
-mis in vi-ta me - a, in vi - ta me - - a, in vi - ta
-mis in vi - ta me - - a, in vi - ta me - - a,
me - a,
- - - - a, in vi - ta me - a, qui-a pec-
me - - a, qui - a pec-ca-vi ni - mis in
qui - a pec - ca - vi ni - - mis in vi - ta
qui - -a pec-ca-vi ni - mis in vi - ta me - - -
- -ca - vi ni - mis in vi - ta me - a, in vi - ta me - -
vi - ta me - -a, in vi - ta me - - -a,
me - a, in vi - ta me - a, me - a, in
- - - - a, in vi - ta me - -a.
a, in vi - - -ta me - -a.
qui - a pec - ca - vi ni - -mis in vi - ta me - -a.
vi - ta me - -a, in vi - ta me - - - - -a.

Nº lj.

Secunda pars.

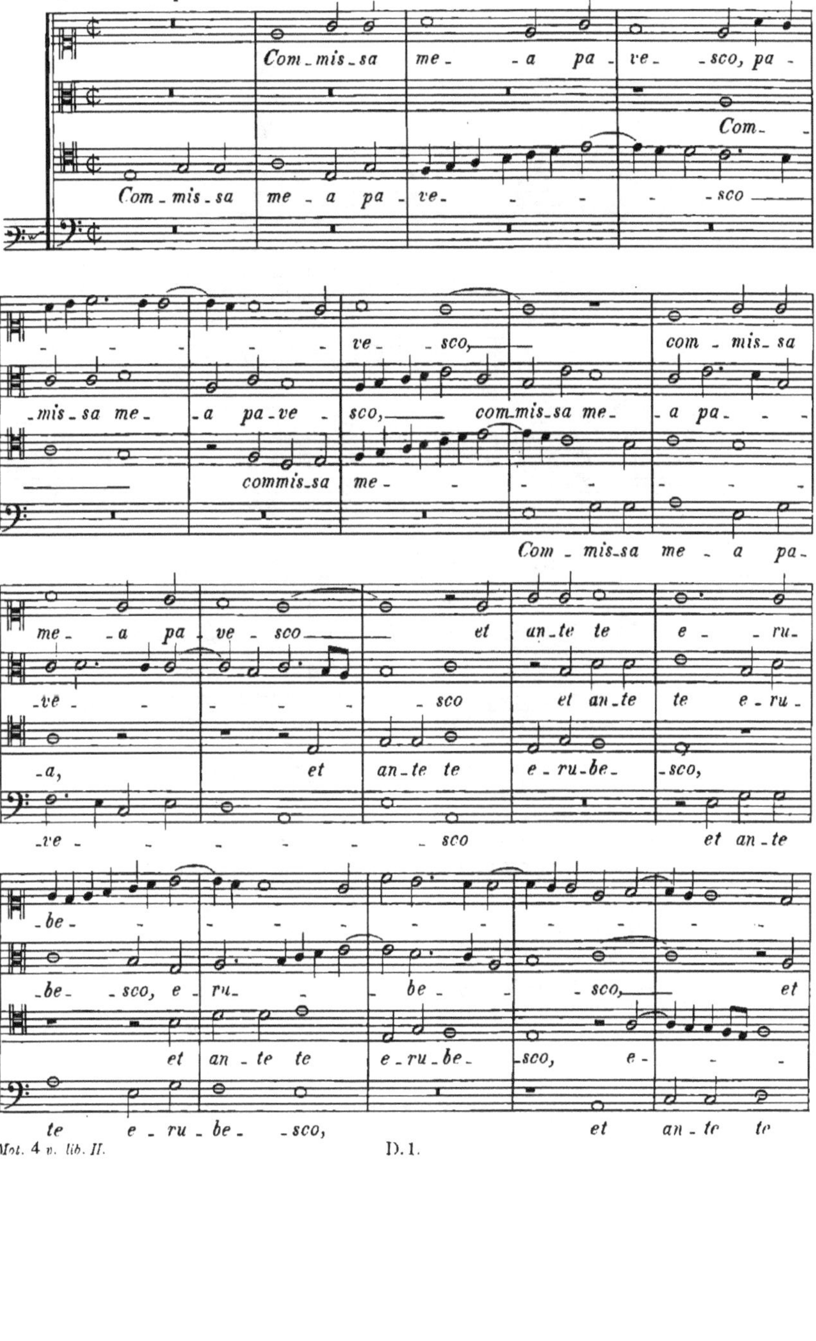

D.1.

Palestrina.

_na_ - _re, qui _a pec_ca_vi ni _ mis
- - - _re, qui _a pec_ca_vi ni _ mis in vi_
- - _re, qui_a pec_ca_vi ni _ mis in vi_ta me _ a, in
- - - _re, qui_a pec _ ca_vi ni _ mis in
in vi_ta me _ a, in vi_ta
_ta me_ - - - - - - _a, in vi_ta
vi_ta me_ _a, in vi_ta me_ _a, qui_
vi_ta me_ _a, in vi_ta me _ a, qui _a pec_ca_vi
me_a, qui _a pec_ca_vi ni _ mis in vi_ta
me _a, qui_a pec_ca_vi ni _ mis in vi _ ta me _ a, in
_a pecca_vi ni _mis in vi_ta me_ _a, in vi_ta me_ - -
ni_ _mis in vi_ta me _ a, in vi_ta me_ _a, me_ _a,
me _ - - - - - _a, in vi_ta me_ a.
vi_ta me_ - - - _a, in vi_ _ta me _ a.
_a, qui_a pec_ca_vi ni _ mis in vi_ta me _ a.
in vi _ ta me_ _a, in vi_ta me_ - - - _a.

Nº lij.

Prima pars.

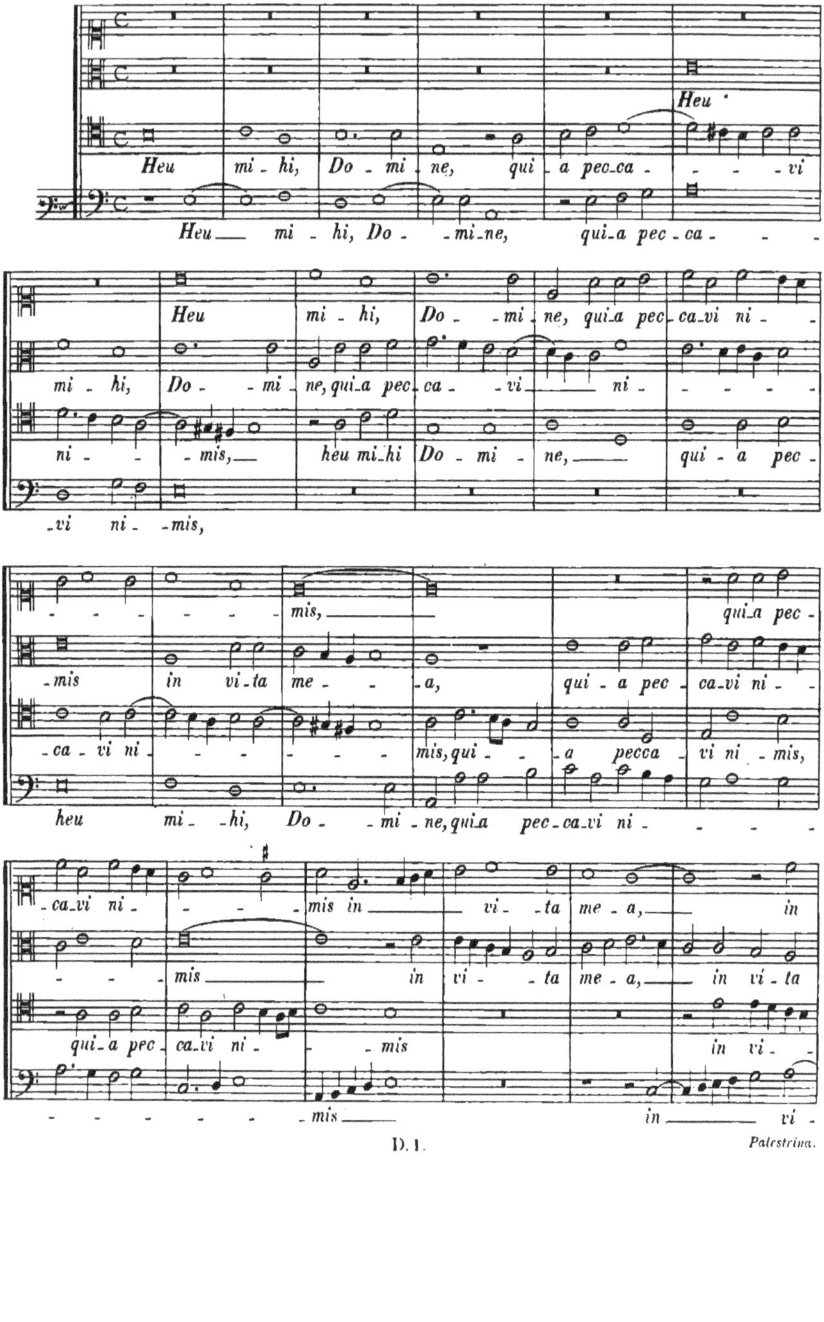

 Palestrina.

vi_ta me_ _ _ _a; quid fa _ ci_am mi _ ' _ _ _ _ _ ser?

me _ a; quid_ fa _ ci _ am mi _ _ ser?_ quid fa _ ci_am, quid

_ ta me_ _ a; quid fa _ _ci_am mi _ _ _ _ _ ser? quid fa _ _

_ ta me _ _ _ _ _ _ _ a; quid_ fa _ _ci _am, quid fa_

quid fa _ ci_am mi_ _ _ _ ser?

faci_am_ mi _ _ _ _ ser? u _ bi

_ ci_am mi _ _ _ _ ser? u _ bi fu _ _ _ _ _ _gi_

_ ci_am mi _ _ _ _ _ ser?_ u _ bi fu _ _ _ gi _

u_ _bi fu_ _ _ _ _gi _ am, ni _

fu _ _ _ _ _ _gi _ am, ni _ si ad te,

_am, ni_si ad te, de _ _ _ _us me_

_am, ni _ si ad te, de _ _ _us me _ us?

_si ad te, de_ _us me_ _us? Mi_ _se_re_ _re me_ _ _i,_

ni_si ad te, de_ _us me _ us?_ Mi _ se _ re _ '_

_ _ us? de_us me_ _ _ _us?Mi_ _se_re_ _re me_ _i,

de_ _us me_ _us? Mi_ '_se_re_ _

D. 1.

Palestrina.

Secunda pars.

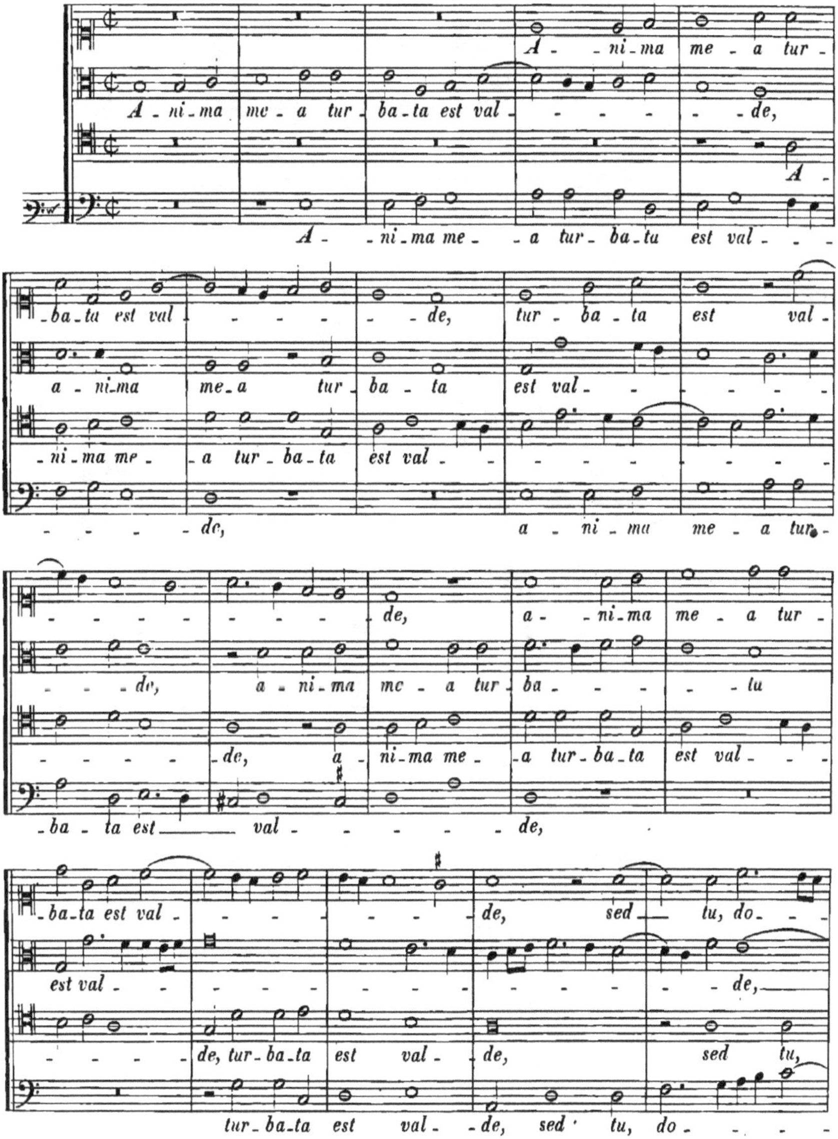

- - mi - ne, sed tu, do - - - mi - ne,
sed tu, do - - - - - - mi - ne,
do - - - mi - ne, sed tu, do - - - - - - mi - ne, suc-cur -
- - - - - mi - ne, suc - cur -
suc - - cur - re e - - - - - i,
suc - - cur - - re e - - - - - - - i,
- - re e - - - - i, suc - cur-re e - - - - - - - i, suc-cur -
- - re e - - - - - i, suc - cur - - re e -
suc - cur - - re e - - - i. Mi -
suc - - cur - re e - - - - - - i. Mi - - se - re -
- - re e - - - i, suc - cur-re e - - - - i. Mi -
- - - - - - - - - i. Mi - - se - re -
- se - re - - re me - - - - - - i,
- re, mi - se - re - - - - re me - - i,
- - se - re - - re me - - i, mi - - se -
- re, mi - - se - re - - - re me - - - i, mi - se -

 Palestrina.

mi - se - re - - re me - - i,
me - - i, mi - se - re - - re me - - i,
- re - - - re me - i, mi - se - re - re me - - - - - i, dum ve - ne -
- re - - - re me - i, dum ve - ne - ris in
dum ve - ne - ris in no - vis - si - mo
dum ve - ne - ris in no - vis - si - mo di - e,
- ris in no - vis - si - mo di - e,
no - vis - si - mo di - - - - - e, in no - vis - si - mo di - - -
di - e,
dum ve - ne - ris - in no - vis - si - mo di - -
dum ve - ne - ris in no - vis - si - mo di - - e,
dum ve - ne - ris in no - vis - si - mo di - e, in no - vis - si - mo, dum
- e,
dum ve - ne -

N° V.

D. 1.

Palestrina.

dum re_cor_ - da_re_mur tu_i Si_on, dum re_cor_
re_corda_re_ - - - mur tu_i Si - - - on,
dum re_cor_ - da_re_mur tu_i Si_on, dum re_cor_ - da_re_mur tu_ - i Si_
dum re_cor_ - da_re_mur tu_ - i Si_
- da_re_ - - mur tu_ - - i Si_on,
dum re_cor_da_re_mur tu_i Si_on, dum re_cor_da_re_
- on, dum re_cor_da_re_mur tu_i Si_on, dum re_cor_da_
- on, dum re_cor_da_re_mur tu_ -
dum re_cor_ - da_re_mur tu_i Si_on, in sa_
- mur tu_i Si_on, in sa_li_ci_bus in me_di_
- re_ - - - mur tu_i Si - - - on, in sa_li_ - ci_bus in me_di_o
- i Si_on, in sa_li_ - ci_bus in me_di_o
- li_ci_bus in me_di_o e_ - - jus, in me_di_o e_ - - - - -
- o, in sa_li_ci_bus in me_di_o e_ - - jus, in
e_jus, in me_di_o e_ - - jus, in sa_
e_ - jus, in sa_li_ci_bus in

D. 1.

Palestrina.

Mot. 4 v. lib. II.   D.1.

D. L.

Palestrina.

Do - - - - minum.
Be - ne - di - cat
- - mi - num.
Be - ne - di - cat
- te Do - - - - - - mi - - - num.
Be - ne - di - cat
be - ne - di - ci - te Do - - - - - mi - - num.
Be - ne - di - cat
ti - bi Do - mi - nus ex Si - - on,
ti - bi Do - mi - nus ex Si - - on, qui fe - cit cœ - - lum et ter -
ti - bi Do - mi - nus ex Si - - on,
ti - bi Do - mi - nus ex Si - - on, qui fe - cit cœ - - lum
qui fe - cit cœ - lum et ter - - ram, qui fe - cit cœ -
- - - - - ram, qui fe - cit cœ - lum et
qui fe - cit cœ - lum et ter - ram,
et ter - - ram, cœ - - lum et ter - ram,
- lum et ter - ram, cœ - lum et ter - - - ram.
ter - - - ram, et ter - - - ram.
qui fe - cit cœ - lum et ter - - ram.
qui fe - cit cœ - lum et ter - - - ram.

Nº vij.

Prima pars.

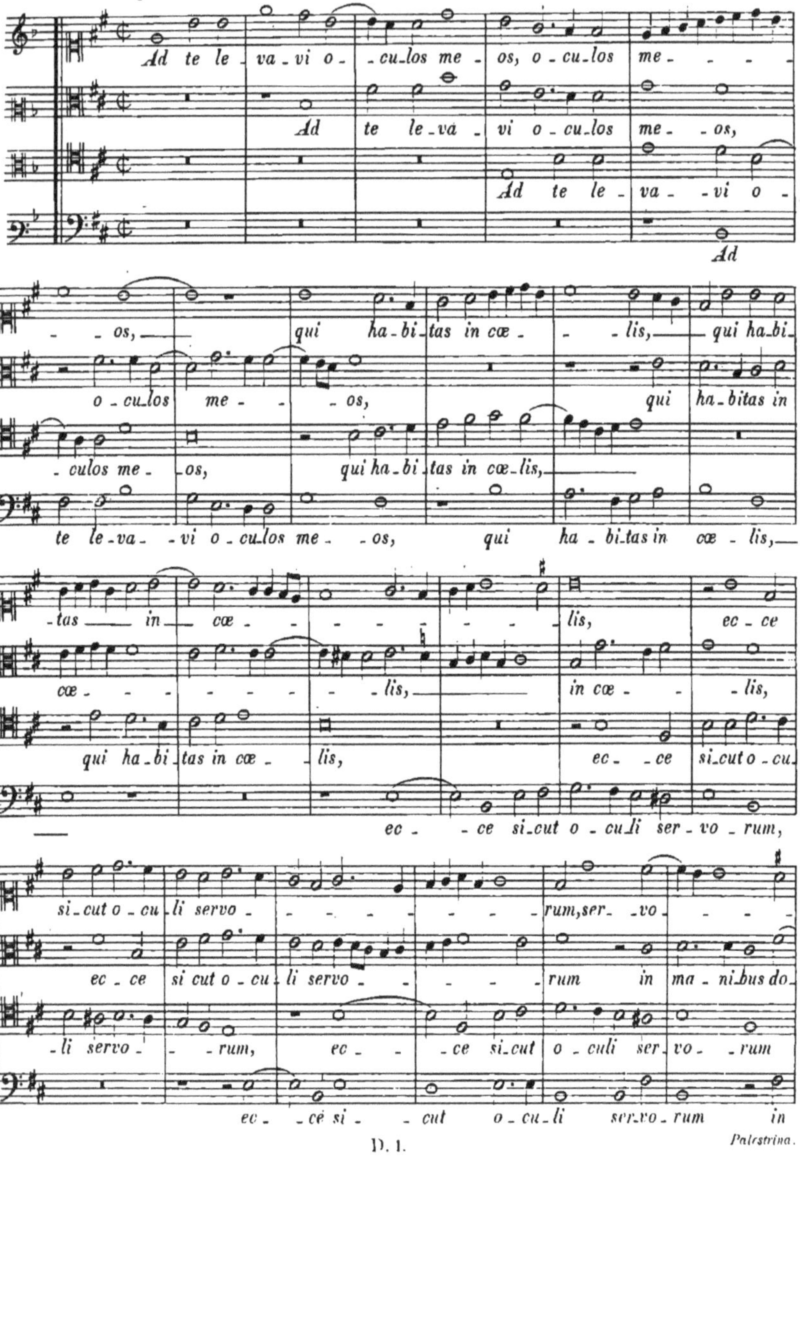

Palestrina.

D. 1.

166

D. 1.

Palestrina.

Secunda pars.

Mi - se - re - re no - stri, Do -

Mi - se - re - re no - stri, Do - mi -

Mi - se - re - re no - stri, Do - mi -

Mi - se - re - re no - stri, Do - mi -

- mi - ne,

- ne, mi - se - re - re no - stri,

- ne, Do - mi - ne, mi - se - re - re no - stri,

- ne, mi - se - re - re no - stri,

mi - se - re - re no - stri, mi - se - re - re

Do - mi - ne, mi - se - re - re no -

Do - mi - ne, mi - se - re - re

Do - mi - ne, mi - se - re - re no - stri,

- nostri, mi - se - re - re no - stri, qui - a mul - tum reple - ti

- stri, mi - se - re - re no - stri, qui - a mul - tum re -

- no - stri, mi - se - re - re no - stri, qui - a mul - tum reple - ti

mi - se - re - re no - stri, qui - a mul - tum

Mot. 4 v. lib. II.

D. 1.

Palestrina.

D. 1.

Nº IX.

Prima pars.

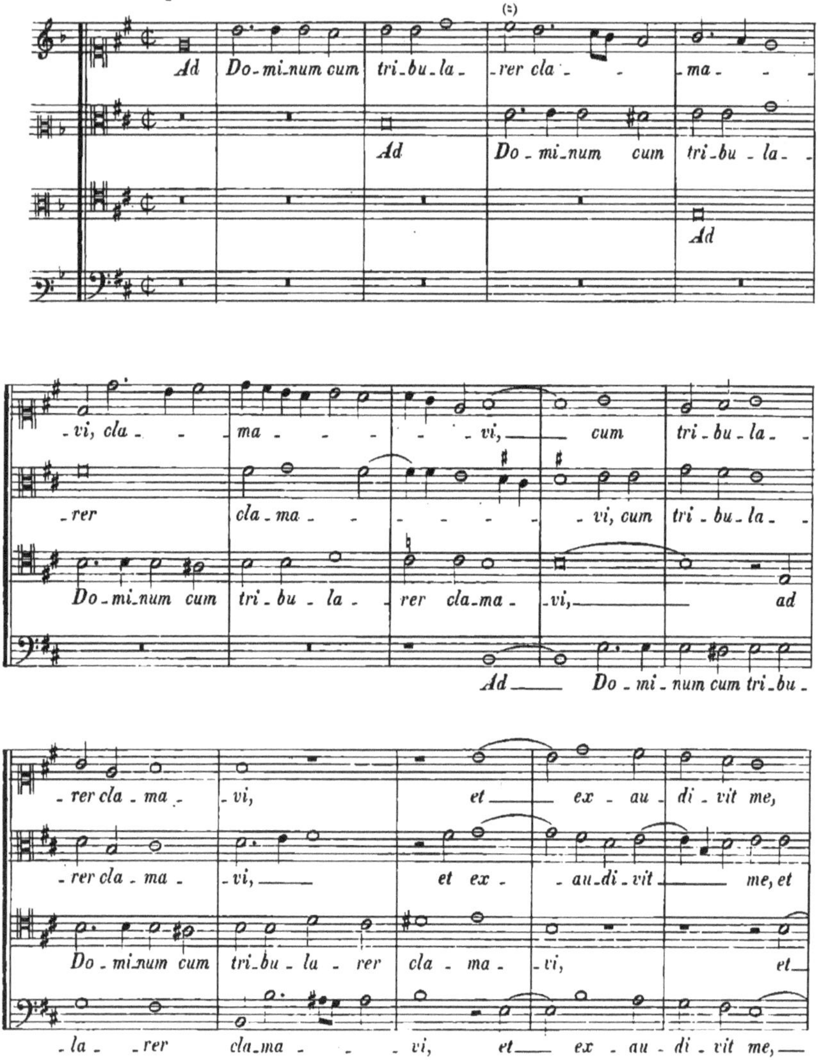

et ex -- au -- di -- vit me. Do -- mi --

ex -- au -- di -- vit me, et ex -- au -- di -- vit me. Do -- mi --

-- ex -- au -- di -- vit me. Do -- mi --

et ex -- au -- di -- vit me. Do -- mi --

-- ne, Do -- mi -- ne, li -- be -- ra a -- ni -- mam me -- am, Do -- mi --

-- ne, Do -- mi -- ne, li -- be -- ra a -- ni -- mam me -- am, Do -- mi --

-- ne, Do -- mi -- ne, li -- be -- ra a -- ni -- mam me -- am, Do -- mi --

-- ne, Do -- mi -- ne, Do -- mi --

-- ne, a -- nimam me -- am a

-- ne, li -- be -- ra a -- ni -- mam me -- am a la -- bi -- is i -- ni --

-- ne, li -- be -- ra a -- nimam me -- am a la -- bi -- is i -- ni --

-- ne, li -- be -- ra a -- nimam me -- am a la -- bi -- is i -- ni --

la -- bi -- is i -- ni -- quis et a lin -- gua do -- lo --

-- quis, i -- ni -- quis et a lin -- gua do -- lo -- sa et

-- quis, i -- ni -- quis et a lin -- gua do -- lo -- sa

-- quis, i -- ni -- quis et

D. I.

Palestrina.

Secunda pars.

Sa - git - - - tæ po - ten - - tis a - cu - - - - - tæ, sa - git - - - tæ po - tis a - cu - - tæ, sa - git - - - tæ po - ten - tæ po - ten - tis a - cu - - - tæ, po - ten - - -

Sa - git - - - tæ po - ten - - - Sa - gi - - - tæ po - ten - - - tis

- ten - tis a - cu - - - tæ, cum car - bo - ni - bus de - so - la - to - ri - - lis a - cu - - tæ, cum car - bo - ni - bus de - so - la - to - ri - - tis a - cu - - - tæ, cum car - bo - ni - bus de - so - la - to - ri - a - cu - - tæ, cum car - bo - ni - bus de - so - la - to - ri -

- is, cum car - bo - ni - bus de - so - la - to - ri - - is. Heu - is, cum car - bo - ni - bus de - so - la to - ri - is. Heu cum car - bo - ni - bus de - so - la - to - ri - is. Heu - is, cum car - bo - ni - bus de - so - la - to - ri - - is. Heu

Palestrina.

Cum his qui o - de - - runt pa - cem, e - - ram pa - ci - - -

Cum his qui o - de - - runt pa - cem, e - ram pa - ci - - -

Cum his qui o - de - - runt pa - cem, e - -

Cum his qui o - de - - runt pa - cem,

- - fi - cus, cum lo - que-bar - - - il - lis, im - pu - gna - -

- - fi - cus, - - - cum lo - que-bar il - - lis, im - pu-gna-bant

- ram pa - ci - fi - cus, cum lo - que-bar il - - - lis, im - pu-gna-bant

cum lo - que - bar il - - lis,

- bant me gra - tis, cum - lo-que-bar il - - lis,

- - me - - - - gra-tis, cum - lo-que-bar il - - lis, im - pu - - gna -

- - me gra - - - tis, cum - lo-que-bar il - lis, im - pu-gna-bant -

cum - lo-que-bar il - - lis, im - pu-gna-bant -

im - - pu-gnabant - - - me gra - - - tis.

- bant me gra - tis, im - pu - gna - bant me gra - - - tis.

- - me - - - gra-tis, im-pu - gna - - bant me gra - - tis.

- - me gra - - - tis, im - pu - gna - - bant me gra - - tis.

Prima pars.

№° xj.

D. 1.

Palestrina.

-on su - per o-mni - a ta-ber-
Si - on su - per o - mni - a, su - per
-per o - mni - a ta - ber - na-cu-la Ja - cob, ta-ber-
su - per o-mni-a ta - berna - cu - la Ja-cob,
-na-cu-la Ja - cob. Glo-ri-o -
o-mni-a ta - ber-na - cu - la Jacob. Glo - ri-o-sa di-cta sunt de te, glo - ri-
-na-cu-la Ja - cob. Glo - ri-o-sa di - cta sunt de te, glo - ri-
ta - berna-cu - la Jacob. Glo - ri-o-sa di-cta sunt de te,
-sa dicta sunt de te, ci - vi-tas De - - i. Me - mor e - ro Ra-
-o-sa di - cta sunt de te, ci - vi-tas De - i. Me - mor e-ro Ra-
-o-sa di - cta sunt de te, ci - vi-tas De - - i.
ci - vi-tas De - - i. Me - mor e - ro Ra-
-hab, me - mor e - ro Rahab et Ba-by-lo - - - - -
-hab et Ba-by - lo - - - - - nis, et Ba-by - lo - - -
Me - mor e - ro Ra - hab et Ba-by-lo - - - nis-
-hab et Ba-by-lo - - - - nis sci-

-nis sci-en - - ti-um me. Ec - ce,
- - - nis sci-en - - ti-um me. Ec - ce,
sci - en - ti - um me. Ec - ce, a - li-e - ni-ge-næ et
-en - - - - ti-um me. Ec - ce, a - li-e-ni-ge-
a - li - e - ni - ge-næ et Ty - rus et po - pu - lus Ae-thi-o -
a-li-e - ni-ge-næ et Ty - - - rus et po-pu - lus Ae-thi-o -
Ty - rus, et Ty - - - rus et po-pu - lus Ae-thi-o -
-næ et Ty - rus et po-pu - lus Ae-thi-o -
-pum, hi fu-e-runt il - - lic, hi fu - e - - runt il - lic,
-pum, hi fu - e-runt il - - - - - - - lic, hi fu - e-runt il - -
-pum, hi fu - e-runt il - -
-pum, hi fu - e - runt il - lic, hi fu - e - runt
hi fu - e-runt il - lic, hi fu-e - - - runt il - - - lic.
- lic, hi fu-e - - - - - - - - - runt il - - lic.
- lic, hi fu-e-runt il - - - - - - lic.
il - lic, hi fu - e-runt il - - lic.

No xij.

Secunda pars.

Palestrina.

no _ strum ha _ bi _ ta _ ti _ o est in te, san _ cta De _ i ge -

no _ strum ha _ bi _ ta _ ti _ o est in te, san _ cta De _ i

no _ strum ha _ bi _ ta _ ti _ o est in te, san _ cta De _ i ge -

no _ strum ha _ bi _ ta _ ti _ o est in te, san _ cta De _ i

_ _ _ _ ni _ _ trix, si _ cut læ _ tan _ ti _ um o _ mni _ um

_ ge _ _ ni _ _ trix, si _ cut læ _ tan _ ti _ um o _ mni _ um

_ _ _ ni _ trix, _ si _ cut læ _ tan _ ti _ um o _ mni _ um, o _ mni _ um

si _ cut læ _ tan _ ti _ um o _ mni _ um, o _ mni _ um

no _ strum ha _ bi _ ta _ ti _ o est in te,

no _ strum ha _ bi _ ta _ ti _ o est in te, san _ cta De _ i ge _ _ _ ni _

no _ strum ha _ bi _ ta _ ti _ o est in te, san _ cta De _ i ge _ _ -

no _ strum ha _ bi _ ta _ ti _ o est in te, san _ cta De _ _ _ i ge _ ni _

san _ cta De _ i ge _ _ _ _ _ _ ni _ trix.

_ trix, san _ cta De _ i _ ge _ ni _ trix, san _ _ cta De _ i ge _ ni _ trix.

_ _ ni _ trix, san _ cta De _ i ge _ _ _ ni _ _ trix.

_ trix, san _ cta De _ i ge _ ni _ trix, san _ _ cta De _ i ge _ ni _ trix.

No xlij.

D.I.   Palestrina.

-di - sti me, Tho - ma cre - - - - - - - di-di -
-ma, cre - - - - - di-di - - - - - - - sti, cre-
- di-di - - sti, qui-
-di-di-sti, qui-a vi - di - - sti me, Tho - ma, cre-
- sti, cre - - - - - di-di sti, cre - di - di - - -
- - - di - di - - - - - - - - - sti, cre-
- a vi - di - - - sti me, Tho - ma, cre - - -
- di - di - - sti, cre - - - - - di-
- - - - - - - sti. Be - a - ti qui non vi-de - runt et cre-di-
- di - di - sti Bea - ti qui non vi - de - runt et
- di-di - - - sti. Be - a - ti qui non vi-de - runt
-di - - - - - - - sti. Be - a - ti,
-de - runt, et cre-di-de - runt,
cre-di-de - - - - runt, et cre-di de - - -
et cre-di de - - - - - - - runt,
be - a - ti qui non vi-de - runt et cre-di-de -

D. 1.

Palestrina.

№ XIV.

pa - tres ve - stri man - du - ca - verunt man - na in de - ser - to et mor - tu - i sunt. Hic est pa - nis de cœ - lo de - scen - dens, hic est pa - nis de cœ - lo de - scen - dens, si

- to, in de - ser - to, man - du - ca - ve - runt manna in de - ser - to et mor - tu - i sunt. Hic est pa - nis de cœ - lo de - scen - dens, de cœ - lo de - scen - dens, si quis ex

- to man - du - ca - ve - runt man - na in de - ser - to, in de - ser - to et mor - tu - i sunt. Hic est pa - nis de cœ - lo de - scen - dens, de cœ - lo de - scendens,

man - na in de - ser - to et mor - tu - i sunt. Hic est pa - nis de cœ - lo de - scendens, de cœ - lo de - scen - dens, si quis ex i - pso man

Palestrina

quis ex i - - pso mandu - ca - ve - rit, non mo - ri - e - - - tur,

i - pso man - - du - ca - - - - - - - - - ve - rit, in

si quis ex i - - pso, si quis ex i -

- - du - ca - ve - rit,

si quis ex i - - pso man - - du - ca - ve - rit, non

œ - ter - - - - - num, si quis ex i - - pso man - du -

- pso man - du - ca - ve - rit, — si quis ex i - - pso mandu - ca - ve - rit,

si quis ex i - pso mandu - ca - - ve - rit,

mo - ri - e - - tur, non mo - ri - e - - tur in œ - ter -

- ca - ve - rit, — in œ - ter - - - num non mo - ri - e -

in œ - ter - - - - num non mo - ri - e - tur,

non mo - ri - e - - tur in œ - ter - - - -

(:)

- - - - - - - - - num.

- - - tur, non mo - ri - e - tur, — non mo - ri - e - tur.

- in œ - ter - - - - num non mo - ri - e - tur.

- num, — non mo - ri - e - tur in œ - ter - - - num.

188

Prima pars.

Si - - - cut

Si - - - cut cer - vus de - si - de -

Si - cut cer - vus de - si - de - rat ad fon - tes a - qua -

cer - vus de - si - de-rat ad fon - tes a - qua - - - -

-rat ad fon - tes a - qua - - - rum,

- - rum, si - - cut cer - vus de -

Si - - cut cer - vus de - si - de-rat ad fon - tes a -

- - - - rum, si - - cut

si - - cut cer - vus de - si - de - rat ad fon - tes a - qua

-si - de-rat ad fon - tes a - qua -

-qua - rum, si - - cut cer - vus de - si - de-rat ad

D. I.

Palestrina.

cer _ vus de _ si _ de_rat ad fon _ _ tes a _ _ _ _ _ qua_ _

_rum, de _ si _ de_rat ad fon _ _ tes a _ qua_

_ _ rum, de _ si _ de_rat ad fon _ tes_____ a _

fon _ tes, de _ si_de_rat_____ ad fon _ tes a _ qua_

_ _ _ _ rum, i _

_ _ rum,

_qua _ _ rum, i _ _ ta de _ _ si _ _ _

_rum, i _ _ _ ta de _ si _ _ _

_ _ ta de _ _ si _ _ _ _ de _ rat,

i _ _ ta de _ _ si _ _ _ _ de_rat,

_ de_rat,_____ i _ _ta de_si _ de _ rat, i _

_ _ _ _ _ de_rat,_____ i _ _ta

i _ _ _ ta de _ _ si _ _ de_rat

i _ _ _ _ ta,_____ i _ _ ta de_

_ta de_si _ _ _ de _ rat, de_si _ de _ rat, i _

de _ _ si _ _ _ _ _ de _ rat,

a - ni - ma me - - -
- si - de - rat a - - ni - ma
- - ta de - - si - - - de - rat
i - - - ta de - si - - de - rat, de -
- a ad te De - - - - - us,
me - a ad te De - us, a - - ni - ma
a - ni - ma me - - - a ad te De - - - -
- si - de - rat a - ni - ma me - - a ad
a - - ni - ma me - - a ad te De -
me - a ad te De - - us, ad
- - - - - us, a - ni - ma me -
te De - - - - us, a - ni - ma me - a ad te
- - - - - - - us.
te De - - us, ad te De - - - - - us.
- a ad te De - - - us, ad te De - - - us.
De - - - us, ad te De - - - - - - - - us.

Nº xvj.

Secunda pars.

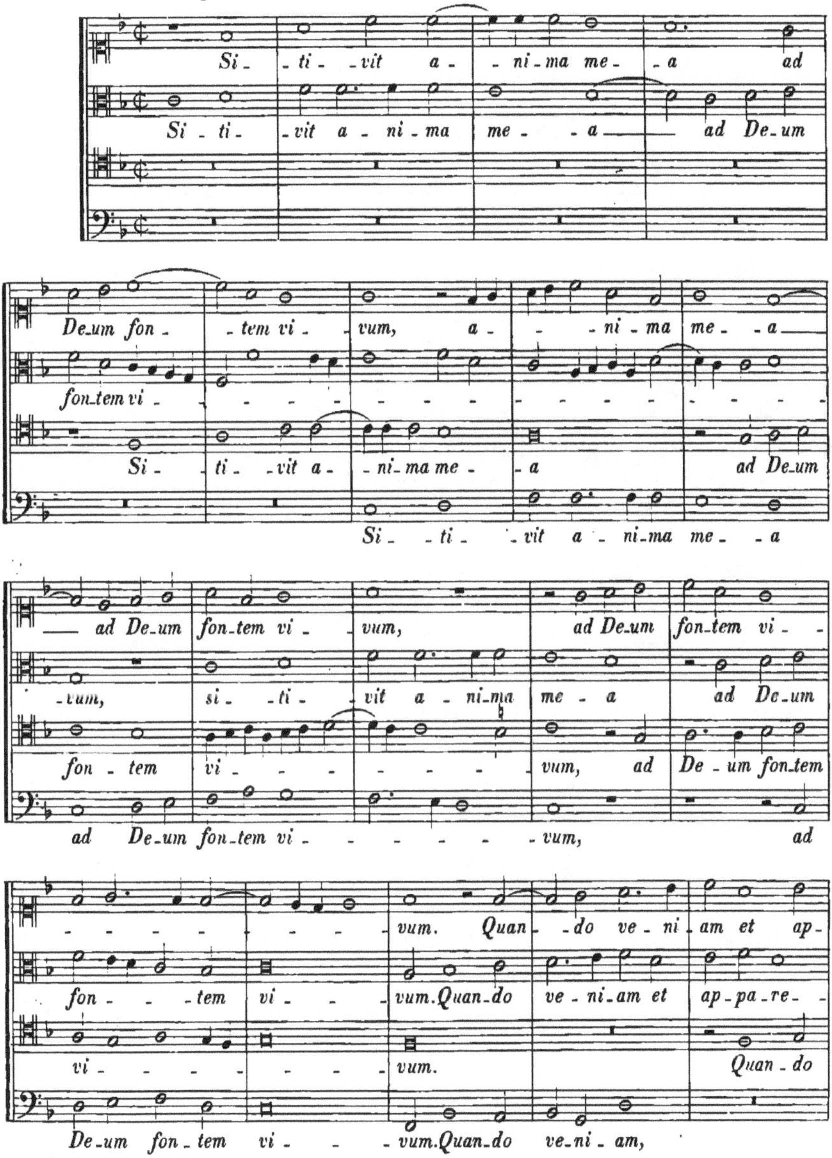

-pa-re - - - bo, quan - do ve - ni - am et ap-pa - re - - bo an -
-bo, quan - do ve - - - ni - am et ap-pa - re - - bo
ve - ni-am et ap-pa-re-bo, et ap - pa-re - - bo
quan - do ve - ni - am et ap-pa - re - bo
- te fa - ci-em De - - - - - i, an - te fa - ci-em De - - -
an-te fa - ci-em De - i,
an - te fa -
an - te fa - ci-em De - i, an - te fa - ci -
an - te fa - ci-em De - i?
i? Fu-e - runt mi - hi
- ci-em De - - i? Fu-e-runt mi - hi la - cry-mæ
-em De - - - i? Fu - e-runt mi - hi la - cry -
Fu - e-runt mi - hi la - cry -
la - cry mæ me - æ pa - - - -
me - - æ pa - nes di - e ac -
-mæ me - æ pa - - - nes di - - - - -
-mæ me - æ pa - - - nes di - - - -

Mot. 4 v. lib. II.   D. 1.

No xvij.

Prima pars.

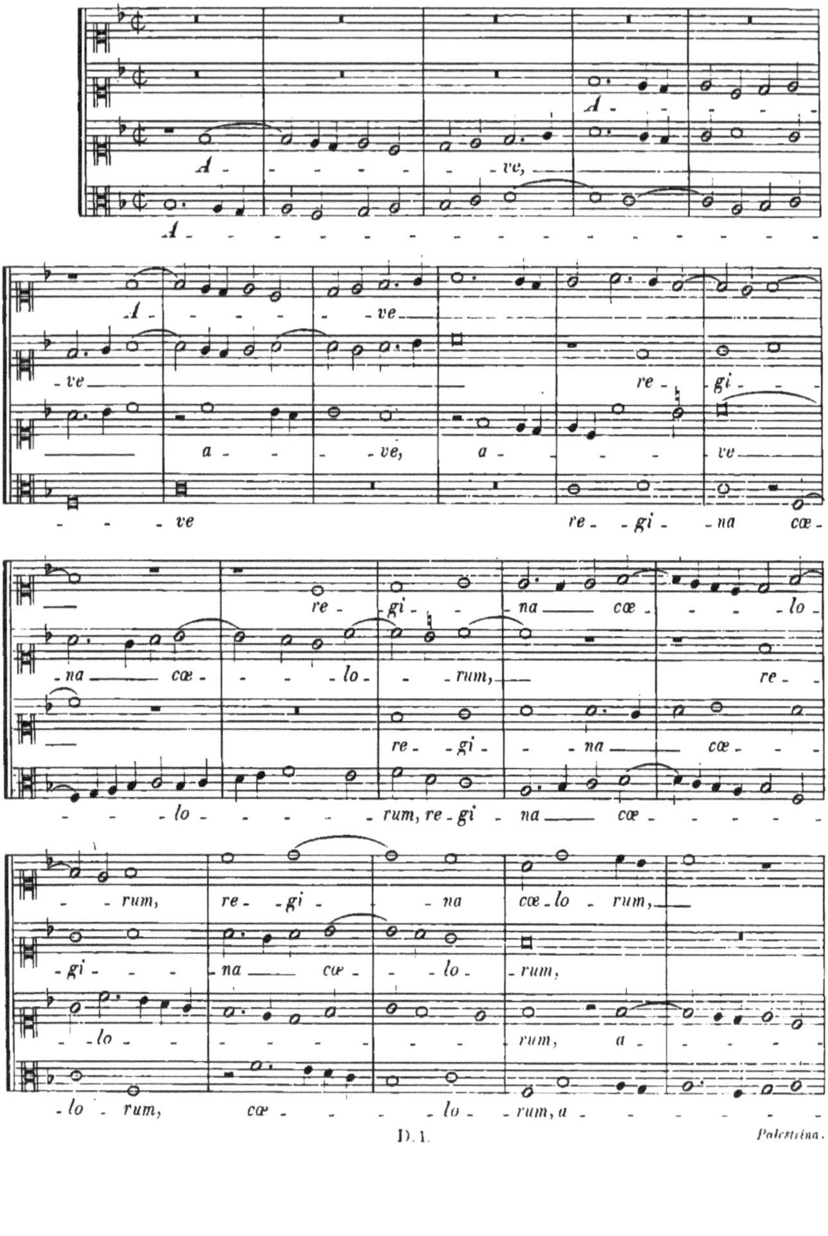

Mot. 4 v. lib. II.   D. 1.

ra - - - - - - dix san - - - - - cta, ex
- - - - - - - - - - - - - - cta,
- - cta, ex qua mun - - -
san - cta, ex qua mun - - - - do lux est
qua mun - - do lux est or - ta, lux
ex qua mun - - do lux est
- do lux est or - - - - - - - - - - ta,
or - - - - - - - - - - - - - ta, lux est or - ta,
est or - - ta, or - - - - - - - - - ta, lux
or - ta, lux est
lux est or - - ta, est
lux est or - - - - - - - - - - - - - - ta,
est or - - ta, lux est or - - ta.
or - - - - - - ta, lux est or - - ta.
or - - ta.
lux est or - - - ta, lux est or - - ta.

Palestrina.

No xviij.

Secunda pars.

o - mnes spe - - ci - o - - - - - - - - - - sa,
- sa, su - - per o - - mnes spe - - -
- sa, spe - - - ci - o - - - - - sa,
- mnes spe - - - ci - o - - - - - - - - - - - sa,
su - - per o - mnes spe - - ci - o - - - sa,
- - ci - o - - sa, va - - - le,
su - - per o - - mnes spe - - - - - ci o - - - sa, va -
su - - per o - mnes spe - - - - ci - o - - - sa, va - - - - -
va - - - - - - - - - - - le
va - - - - - - - - - - - - - - le val - de
- - - - le val - de de - -
- - - - - - - - - - - - - - le val - - de de - co - -
val - de de - - co - - ra, et pro
de - co - - ra, val - de de - co - - ra,
- - co - - ra, et pro no - bis, et pro
- ra, de - co - - - - - - - - - - - ra, et pro no - bis, et

no - - - - - - bis sem - per Chri - -
et pro no - - - - - - bis sem - per
no - - bis sem - per Chri - stum,
pro no - - bis, et pro no - - - bis sem -
- stum ex - - o - - - - - - ra,
Christum ex - - o - - ra, sem - - per Chri - - stum,
sem - per Chri - - stum ex - - o - - -
- - per Chri - stum ex - o - - ra, sem - - per Chri - -
sem - per Chri - stum ex - - - o - - -
sem - per Chri - stum ex - - o - - -
- - - - - ra, sem - per Christum ex - o - - - - -
- stum ex - o - - - ra, sem - - per Chri - - stum ex - o - -

No XIX.

Prima pars.

D. 1.

Palestrina.

per - vi - - a cœ - - - - li por - - ta ma - -
quæ per - vi - - a cœ - li por - ta
- a, quæ per - - vi - a . cœ - - - li por -
quæ per - vi - - a cœ - li
- - - - nes et stel - la ma - -
ma - nes, por - - ta ma - - - - - nes et
- - ta ma - - - - - - - - - nes et stel -
por - - ta ma - - - - - - - nes et stel - la ma -
- ris, et stel - - la ma - - - - - - - - - -
stel - la ma - - ris, et stel - - - la ma - - -
- la ma - - ris, et stel - - la ma - - ris, suc -
- ris, et stel - la ma - - - ris, suc - cur - -
- ris, suc - cur - - re ca - - den - - - - - - - - - -
- ris, suc - cur - re, suc - - cur - re ca - - den - -
- cur - re ca - den - - - - - - - ti,
- re, suc - cur - re ca - -

ti surge-re, sur-ge-re,
ti sur-ge-re, sur-ge-
succurre ca-den-ti sur-ge-re, sur-
den-ti sur-ge-re, sur-ge-
qui cu-rat po-
re,
ge-re, qui cu-rat po-
re, qui cu-rat po-pu-lo, po-
pu-lo, qui cu-rat, qui cu-
qui cu-rat po-pu-lo,
pu-lo, po-pu-lo, qui cu-
pu-lo qui cu-rat po-pu-
rat po-pu-lo.
qui cu-rat po-pu-lo.
rat po-pu-lo, qui cu-rat po-pu-lo.
lo, po-pu-lo, po-pu-lo.

 Palestrina.

№ XX.

Secunda pars.

Mot. 4 v. lib. II.   D. 1.

-um san- -ctum ge- -ni- to- rem, san -ctum ge-
tu- -um san- -ctum ge-
san- ctum ge- ni- to- -rem, tu- um san- -ctum
-ctum ge- -ni- to- -rem,
-ni- to- -rem, vir- -go pri-
-ni to- -rem, vir- -go pri-
ge- -ni to- -rem, vir- go pri- us,
vir- -go pri- -us pri-
-us ac- po- ste- -ri-
-us ac- po- ste- -ri- us, Ga- bri-
vir- go pri- -us ac po- ste- -ri-
-us ac- po- ste- ri- us, Ga-
-us, Ga- -bri- e- lis ab o-
-e- -lis ab o- -re, Ga- bri- e- lis ab o- -re su-
-us, Ga- bri- e- -lis ab o- -re
-bri- e- lis ab o- -re su- mens

- re su - mens il - lud „A - ve,"
- mens il - - lud „A - - - ve," pec - ca - to - rum mi - se -
su - mens il - lud „A - - - - - - ve,"
il - lud „A - ve," il - lud „A - - - ve," pec - - ca - to -
pec - ca - to - rum mi - se - re - re,
- re - - - - - re, pec - ca - - - to - rum
pec - ca - to - - rum mi - se - re - re, pec - ca - to - rum mi - se -
- rum mi - - - se - re - re, pec - ca - to - -
pec - ca - to - - rum mi - se - re - - - - - re, pec -
mi - - se - - re - - re, pec - - ca - to -
- re - - - - re, pec - ca - to - rum mi - - se -
- rum mi - - se - - re - - - - re, pec - ca - to - rum
- ca - to - - - rum mi - se - - re - - re.
- rum mi - se - re - - - - - re, mi - - se - re - - re.
re - - - - re, pec - - ca - to - rum mi - - se - re - - re.
mi - - se - re - - - - - - re, mi - - se - re - - re.

No xxj.

Prima pars.

Palestrina.

_oe_ vi - - - - ta dul - -ce - - - - do et spes no - - stra, sal - ve, ad te cla-ma - - - - mus ex- -su-les fi - lü E - - voe,

_oe_ vi - - - ta dul - ce - do et spes no - stra, sal - - ve, ad te cla-ma - - - mus ex- su-les fi - lü E - voe, ad

- - - ta dul-ce - - do, dul - ce - - do et spes no - stra, sal - - - ve, ad te cla-ma - - - - mus ex - su-les fi - lü E - - voe, fi - lü E - - voe,

- _oe_ vi - - ta dul-ce - - do, dul - ce - - do et spes no - stra, sal - - ve, ad te cla - ma - - - - mus ex - su - les fi - lü E - - voe, ad te su-spi - ra - - -

D.l.

Palestrina.

№ xxij.

Secunda pars.

E - - ia er - - - - go

E - - ia er - go ad - vo -

E - - ia er - - - - - go

E - - ia er - - go ad - vo -

ad - - vo ca _ ta no _ stra, no - - - - stra,

_ ca _ ta no - stra, ad - - vo - ca - ta no - - - stra,

ad - - vo - ca - ta no - - stra, il - los

_ ca _ ta no - stra, il - los

il - _ los tu - os mi - _ se - ri -

il - _ los tu - os mi - _ se - ri _ cor _ des,

tu - - - os mi - - se - ri cordes o -

tu _ - os mi - se - - ri - cor - - - des o - - -

Mot. 4 v. lib. II.   D. 1.

-cor-des, mi-se-ri-cor-des o-cu-
mi-se-ri-cor-des o-cu-los ad nos
-cu-los, mi-se-ri-cor-des o-cu-los ad
-cu-los ad nos
-los ad nos con-ver-te, et Je-
con-ver-te, et Je-
nos con-ver-te, et Je-
con-ver-te, et Je-
-sum be-ne-di-ctum
-sum be-ne-di-ctum fru-ctum ven-
-sum be-ne-di-ctum fru-ctum ven-
-sum be-ne-di-ctum fru-ctum
fru-ctum ven-tris tu-i no-bis post hoc ex-i-li-um o-
-tris tu-i
-tris tu-i no-bis post hoc ex-i-li-um o-
ven-tris tu-i no-bis post hoc ex-i-li-um o-

D.1.

No xxiij.

D.1.

Palestrina.

- - - - cum, Do - mi - nus te - cum, be -
- nus te - cum, Do - mi - nus te - cum, be - ne -
te - cum, Do - mi - nus te - - - - cum,
Do - mi - nus te - cum, be -
- ne - di - cta tu, be - ne - di - cta tu
- di - cta tu in mu - li - e -
be - ne di - cta tu in mu - li - e -
- ne - di - cta tu in mu - li - e -
in mu - li - e - ri - bus
- - - - - - - - - ri - bus, et be - ne - di -
- ri - bus, in mu - li - e - ri - bus, et be - ne - di -
et be - ne -
et be - ne - di - ctus fru - ctus ven - tris tu - i
- ctus fru - ctus ven - tris tu -
- ctus, et be - ne - di - ctu fru - ctus ven - tris tu - i
- di - ctus fru - ctus ven - tris tu - i

Palestrina.

o - ra pro no - bis pec - ca - to - - - - - - - -
pec - ca - to - - - ri - bus, pec - ca - to - - - - - ri - bus
- to - - ri - bus o - ra pro no - - bis pec - ca - to - ri -
- to - - - ri - bus
- - - - - ri - bus,
ut cum e - le - ctis te vi - de - a - - - mus,
- bus, ut cum e - le - - ctis te vi - de -
ut cum e - le - ctis te vi - de - a - - - - - - - mus, ut
ut cum e - le - ctis te vi - de - a - - mus, ut cum e -
ut cum e - le - - -
- a - - mus, te vi - de - a - mus, ut cum e - le - -
cum e - le - - ctis te vi - de - a - - - - - mus, ut cum e -
- le - ctis te vi - de - - a - - mus.
- ctis, ut cum e - le - - ctis te vi - de - a - - mus.
- ctis te vi - de - a - - - - - - - - - mus.
- le - ctis te vi - de - a - - - - - mus, vi - de - a - mus.

216

No xxiv.

D.1.

Palestrina.

quam fe - - - - - - - - - - - - -
- nus, quam fe - - - - - - - - - - cit Do -
hæc di - - es quam fe-cit Do-mi-nus,
hæc di - - - es
- cit Do - - mi-nus, hæc di - -
- - - - - - mi-nus, hæc di - - es
quam fe - - cit Do - - - - mi - nus,
quam fe - cit Do-mi-nus, Do - - - mi - nus,
- es quam fe-cit Do-mi nus,
quam fe-cit Do-mi-nus, quam fe - cit Do - - - - - mi-nus,
quam fe-cit Do-mi nus, Do -
hæc
quam fe - - cit Do - - - - - mi-nus:
quam fe - - - cit Do - - mi - nus: ex - ul-te -
- mi - nus, quam fe-cit Do-mi nus: ex -
di - - - - es quam fe-cit Do-mi-nus: ex - ul -

D.1.   Palestrina.

ex - ul - te - - - - - - - - - - - - -
- ul - te - - - - - - - - mus,
- - - - mus, ex - ul - te - - - - - -
- mus, ex - - - ul - te - mus et læ - te - mur
- mus et læ - te - mur in e - a,
et læ - te - mur in e - a, in e -
- mus et læ - te - mur in
in e - - - a, et læ -
et læ - te - mur in e - - -
- a, in e - - - - - a,
e - a, et læ - te - mur in
- te - mur in e - - - a, et læ - - te - mur in
- - a.
et læ - te - mur in e - - - - a.
e - a, et læ - te - mur in e - - a.
e - a, et læ - te - mur in e - - - a.

No XXb.

Palestrina.

D. 1.

No xxbj.

Pu - e - ri He - - bræ - o - - - -

Pu - e - ri He - - bræ - o - - - rum,

Pu - - e - ri He - - bræ - o - rum, pu -

- rum, pu - e - ri He - - bræ - o - rum portantes ra - mos

pu - e - ri He - - bræ - o - rum portantes ra - mos

- - e - ri He - - bræ - o - rum, He - - bræ - o - rum portantes ra - mos

Pu - - e - ri He - - bræ - o - - rum portantes ra - mos

o - li - va - rum, portantes ra - mos o - li - va - rum, o - li -

o - li - va - rum, por - tantes ra - mos o - li - va - rum, o - li - va

o - li - va - rum, por - tantes ra - - mos o - li -

o - li - va - rum, por - tantes ra - - mos o - li -

- va - rum, ob - vi - a - verunt Domi - no, ob - vi - a - verunt Domi - no,

- - - rum, ob - vi - a - verunt Domi - no,

- va - rum ob - vi - a - verunt Domi - no, ob - vi - a - verunt Domi - no, ob -

- va - rum ob - vi - a - verunt Do - mi - no,

D. I.

Palestrina.

Do _ _mi _no _ _ cla_man _ _ _ _ _tes_ et di _ _ _cen_
ob_vi_a _verunt Do_mi _ no cla_man _ _ _ tes_ _ _ et di _ cen_
_ _vi_a_ve_runt Domi_no_ _ _ cla _ man _ _tes_ et di _ _cen_
ob_vi_a_ve_runt Domi_no_ _ _ cla _ man _ tes _ _ _ et di _ cen_

_tes: O _sanna in ex _ _ _cel _ _ _sis, o _sanna
_ tes: O_sanna in ex _ _ _ _ _ sis,_ o _
_ tes:_ O _sanna in ex _ _ _cel _ _ _
_ _ _ _tes: O_ _sanna in ex_

in ex _ cel _ _ sis, o_sanna in ex _ _
_san_na in ex _cel _ sis, o _ sanna in ex _ _ cel _ sis, o _ sanna
_sis, o_sanna in ex _ _ _ _ cel sis, o _sanna
_ _ _ _cel _ _sis, o _ _sanna in ex_cel _ sis, in

_ cel _ _ sis,_ o _ san _ na in ex _ cel _ _ _sis.
in ex_cel _sis, o_sanna in _ _ _ ex _ cel _ _ _ sis.
in ex _ _ _cel _ sis, o _san_na in _ _ _ ex _ cel _ _ sis.
ex _ _ _cel sis, o _san_na in ex _ _ _ cel _ _ sis.

Mot. 4 v. lib. II.   D.1.

No XXVIJ.

D.1.

Palestrina.

-nes, de-pre-ca-ti-o — -nes, no -stras de-pre-ca-ti-o — nes·
-o — -nes, no -stras de-pre-ca-ti o — nes ne de
de - pre-ca-ti o — nes, — no — -stras de-pre-ca-ti-o — nes ne
no — -stras de-pre-ca-ti-o — -nes ne— de-spi-ci-

ne de — spi — ci — -as in ne-ces-si-ta-ti — bus, in— ne-ces-si —
-spi-ci — as — in ne-ces-si-ta — -ti-bus,
— de-spi — -ci as in— ne-ces-si —
-as, ne— de-spi-ci — as in ne-ces-si-ta-ti — bus, in—

-ta-ti bus, — sed a pe-ri-cu-lis cun —
in ne — ces-si-ta-ti — bus, sed a pe-ri-cu-lis cun —
-ta-ti-bus, in ne-ces-si-ta — -ti-bus,
— ne-ces-si-ta — -ti-bus, — sed a pe-

-ctis — li —be-ra nos
-ctis li-be-ra nos sem —
sed a pe-ri-cu-lis cun — -ctis
-ri-cu-lis cun — -ctis li-be-ra nos— sem —

Mot. 4 v. lib. II.   D.1.

sem _ per, sem _ per, vir _ go glo.ri.o _ _ sa _

_ _ _ _ per, vir _ go glo _ ri.o _ _ sa, vir _ go glo _

li _ be.ra nos sem _ _ _ per, vir _ go glo.ri _ o _ sa _

_ _ _ _ _ _ per, vir _ go glo _ ri _ o _ _ sa, vir_go glo_

et be.ne _ di _ _ _ _ _ cta, _

_ ri _ o _ _ sa et be_ne_di _ cta, _

et be.ne _ di _ _ _ cta, vir _ go glo _

_ ri _ o _ _ sa et be_ne_di _ _ _ cta, vir_go glo_

vir _ go glo.ri.o _ _ _ sa

vir _ go glo.ri _ o _ sa, glo ri_o _ _ sa et be_ne_di _

_ ri _ o _ _ sa, vir _ go glo ri_o _ sa et be_ne_di _

_ ri _ o _ _ sa, virgo glo _ ri _ o _ _ sa

et be_ne _ di _ cta, et be_ne_di _ _ _ cta. _

_ _ _ _ cta, et be_ne_di _ _ _ cta.

_ _ _ cta, et be_ne _ _ di_cta, _ et be _ ne_di _ _ cta.

et be_ne _ di _ _ _ cta, et be _ ne _ di _ _ _ cta.

D. 1.

Palestrina.

Nº xxviij.

A - do - ra - - mus te Chri - - - - -
A - do - ra - - mus te Chri - - - - -
A - do - ra - - mus te Chri - - - -
A - do - ra - - mus te Chri - - - -
- ste et be - ne di - ci - mus
- ste et be - ne - di - ci - mus ti - - bi, et
- ste et be - ne - di - ci - mus ti - - bi, et be - ne - di - ci - mus
- ste et be - ne - di - ci - mus ti - - bi,
ti - bi, ti - - - - - - bi, qui - a per san -
be - - ne - di - ci - mus ti - - - - bi, qui - a per san - - -
ti - bi, et be - ne - di - ci - mus ti - - - - - - bi, qui -
et be - ne - di - ci - mus ti - - - bi, qui - a per

D.1.

Palestrina.

No xxix.

a _ nimam su _ _ am po _ su _ it pro o _ vi _ bus su _ is, _____

_____ pro o _ vi _ bus su _ is, _____ pro o _ vi

_ am po _ su _ it _____ pro o _ vi _ bus su _ _ _

pro o _ vi _ bus su _ is, _____ pro o _ vi _ bus su _ is, _____

_____ qui a _ nimam su _ _ am po _ su _ it pro o _ vi _ bus su _ is, _____ pro

_ bus su _ is, _____ qui a _ nimam su _ _ am po _ su _ it pro

_ _ is, qui a _ ni _ mam _____ su _ _ am po _ su _ it pro o _ vi

qui a _ nimam su _ _ am po _ su _ it pro o _ vi _ bus su _ is, _____

_____ o _ vi _ bus su _ _ _ is, et pro grege su _ _ o

o _ vi _ bus su _ is, _____

_ bus _____ su _ is, _____ et _ pro grege su _ _ _ _ _

_____ pro o _ vi _ bus su _ _ _ is, et pro gre _ ge su _

mo _ ri di _ gna _ _ _ tus

et pro grege su _ o mo _ ri di _ gna _ tus _____ est,

_ o, et pro grege su _ o mo _ ri _____ di _ gna _ tus

_ o mo _ ri di _ gna _ tus est, _____

D. 1.

Palestrina.

est, et pro gre_ge su _ o, et pro gre _ _ ge su_o
et pro gre _ _ ge su _ _ _ o, et pro gre_ge su _ o
est, et pro gre_ge su _ o, et pro gre _ _ ge su _ _ _ o
et pro gre_ge su _ _ o
mo _ ri di_gna _ _ tus est. Al _
mo _ ri di_gna _ tus est.
mo _ ri di _ gna_tus, mo _ ri di _ gnatus est. Al_le_lu _ ja,
mo _ ri di _ gna _ tus est. Al_le_lu _ _ _ _
_ le_lu _ _ _ _ ja, al_le_lu _ ja,
Al _ le_lu _ _ _ _ _ _ ja,
al _ le_lu_ja, al_le_lu_
_ ja, al _ le _ lu_ja,
al_le_lu_
al _ le_lu _ _ _ ja, al _ le_lu _ _ ja.
al _ le_lu_ja, al _ le_lu _ ja, al le _ lu _ ja.
_ ja, al _ le _ lu ja.
_ ja, al_le _ _ _ lu _ ja, al_le_lu _ _ _ ja, al_le_lu _ ja.

№ XXX.

D. 1.

Palestrina.

D. 1.

se, i- -ta et in mor- -te non sunt se- -pa-

i- -ta et in mor- -te non

-ta et in mor- -te non sunt se-pa-ra-

se, i- -ta et in mor- -te non

-ra- -ti, i- -ta et in mor-

sunt se-pa-ra- -ti, i- -ta et in mor- -te

-ti, i- -ta et in mor- -te non

sunt se- -pa-ra- -ti, i- -ta et in mor-

-te non sunt se-pa-ra- -ti, non

non sunt se- -pa-ra- -ti, non

sunt se- -pa-ra- -ti,

-te non sunt se- -pa-ra- -ti,

sunt se- -pa-ra- -ti, non sunt se-pa-ra- -ti.

sunt se- -pa-ra- -ti, non sunt se-pa-ra- -ti.

non sunt se- -pa-ra- -ti.

non sunt se- -pa-ra- -ti.

D. 1.

INDEX.

	Liber.	Pag.
Ad Dominum cum tribularer Secunda pars. *Sagittæ potentis acutæ*	II	170
Ad te levavi oculos meos Sec. pars. *Miserere nostri*	II	164
Adoramus te Christe	II	227
Alma redemptoris mater Sec. pars. *Tu quæ genuisti*	II	200
Ave Maria	I	26
Ave Maria	II	212
Ave regina cœlorum Sec. pars. *Gaude gloriosa*	II	194
Beatus Laurentius	I	70
Beatus vir qui suffert tentationem	I	134
Benedicta sit sancta trinitas	I	42
Confitemini Domino	II	220
Congratulamini mihi	I	98
Dies sanctificatus	I	2
Doctor bonus et amicus Dei	I	106
Domine, quando veneris judicare Sec. pars. *Commissa mea pavesco*	II	146
Dum aurora finem daret	I	102
Ecce nunc, benedicite Dominum	II	161
Ego sum panis vivus	II	185
Exaudi Domine preces servi tui	I	141
Fuit homo missus a Deo	I	50
Fundamenta ejus in montibus Sec. pars. *Num quid Sion dicet*	II	176
Gaudent in cœlis	I	126
Gloriosi principes terræ	II	232
Hæc dies, quam fecit Dominus	II	216

Heu mihi Domine, quia peccavi ⎫ ....II.....................152
Sec. pars. Anima mea turbata est ⎭

Hic est vere Martyr.................I.....................122

Hodie beata virgo.................I.....................22

Jesus junxit se discipuli ....I.....................3o

In diebus illis.............. ....I.....................66

Iste est qui ante Deum.............I.....................13o

Isti sunt viri.................. .....I.....................118

Lapidabant Stephanum.............I.....................6

Lauda Sion salvatorem.............I.....................46

Loquebantus variis linguis.........I.....................38

Magnum hæreditatis mysterium.....I.....................14

Magnus sanctus Paulus.............I.....................58

Misso Herodes spiculatore.........I.....................78

Nativitas tua Dei genitrix.........I.....................82

Nos autem gloriari oportet.........I.....................86

O quantus tuctus hominum . . . . . .I.....................94

O rex gloriæ Domine virtutum.......I.....................34

Pueri Hebræorum portantes ramos.....II.....................222

Quæ est ista, quæ processit.........I.....................74

Quam pulchri sunt gressus.........I.....................110

Quia vidisti me Thoma.............II.....................182

Salvator mundi ....I.....................9o

Salve regina misericordiæ ⎫ ...II.....................206
Sec. pars. Eia ergo advocata nostra ⎭

Sicut cervus desiderat ad fontes ⎫ .....II.....................188
Sec. pars. Sitivit anima mea ⎭

Sub tuum præsidium.............II.....................224

Super flumina Babylonis.............II.....................158

Surge propera amica mea.............I.....................62

Surrexit pastor bonus.............II.....................229

Tollite jugum meum ....I.....................114

Tribus miraculis.................I.....................18

Tu es pastor ovium ....I.....................54

Valde honorandus est.............I.....................10

Veni sponsa Christi.............I.....................138

FINIS.

www.ingramcontent.com/pod-product-compliance
Lightning Source LLC
Chambersburg PA
CBHW030407270326
41926CB00009B/1314